ITIL® 4 Foundation
Courseware - Nederlands

Colofon

Titel:	ITIL® 4 Foundation Courseware – Nederlands
Auteur:	Van Haren Learning Solutions A.O.
Vertaling:	Maarten Bordewijk
Reviewers:	Wilko van den Engh Karel Hoster Theo Wanders
Uitgever:	Van Haren Publishing, 's-Hertogenbosch
ISBN Hard copy:	978 940 180 460 8
Druk:	Eerste editie, eerste druk, Juni, 2019 Tweede editie, eerste druk, Februari, 2020
Vormgeving:	Van Haren Publishing, 's-Hertogenbosch
Copyright:	© Van Haren Publishing 2020

Voor meer informatie over Van Haren Publishing, e-mail naar: info@vanharen.net of bezoek onze website: www.vanharen.net

This material is based on AXELOS ITIL® material. Material is reproduced under licence from AXELOS All rights reserved.

No part of this publication may be reproduced in any form by print, photo print, microfilm or any other means without written permission by the publisher.

Although this publication has been composed with much care, neither author, nor editor, nor publisher can accept any liability for damage caused by possible errors and/or incompleteness in this publication.

Material in this document has been sourced from ITIL®4 – Pocket Guide.

No part of this document may be reproduced in any form without the written permission of both Van Haren Publishing and AXELOS Limited. Permission can be requested at info@vanharen.net and licensing@AXELOS.com.

Over dit Courseware

Dit Courseware is gemaakt met industrie experts die hebben gefungeerd als de auteur(s) voor deze publicatie. De input voor het materiaal bestaat uit bestaande publicaties en de ervaring en expertise van de auteur(s). Het materiaal is herzien door trainers die ook met dit materiaal werken. Er is tevens nauwlettend gekeken naar Key Learning Points, welke beheerst moeten worden met betrekking tot de standaard.

Het doel van het courseware is om de trainer en cursist maximaal te ondersteunen bij zijn of haar training. Het materiaal is modulair opgebouwd, deze structuur heeft een maximaal slaginspercentage volgens de auteur(s) indien de cursist kiest voor examinering. Het Courseware is om deze reden ook geaccrediteerd, indien mogelijk.

Om aan een dergelijke accreditatie te voldoen moet het materiaal aan bepaalde kwaliteitseisen voldoen. Tevens de opbouw, het gebruik van bepaalde termen, afbeeldingen en verwijzingen zijn allen onderdeel van deze accreditatie. Daarnaast moet het materiaal per cursist beschikbaar worden gesteld om de accreditatie te verkrijgen. Om de trainer en deelnemer van de training optimaal te ondersteunen in de beheersing van de theorie, zijn er oefenexamens, opdrachten en uitwerkingen toegevoegd aan het materiaal.

Er wordt ook zeer regelmatig in de sheets exact verwezen naar de geadviseerde literatuur, waarin de cursist additionele informatie kan vinden van een bepaald onderwerp. Er is gekozen om geen notitiepagina's aan het Courseware toe te voegen, zodat de gelegenheid wordt geboden om overal in het materiaal aantekeningen te maken.

Het courseware is compleet, het is mogelijk dat de trainer in zijn verhaal afwijkt van de opbouw van de sheets of niet alle sheets of opdrachten behandeld. De cursist heeft altijd zelf de mogelijkheid deze onderwerpen in eigen tijd nogmaals door te nemen. Hiervoor kan de structuur van het courseware en publicaties gevolgd worden voor een maximale voorbereiding op het examen.

Het courseware en de geadviseerde literatuur zijn de perfecte combinatie om de theorie te leren en te begrijpen.

Other publications by Van Haren Publishing

Van Haren Publishing (VHP) specializes in titles on Best Practices, methods and standards within four domains:
- IT and IT Management
- Architecture (Enterprise and IT)
- Business Management and
- Project Management

Van Haren Publishing is also publishing on behalf of leading organizations and companies: ASLBiSL Foundation, BRMI, CA, Centre Henri Tudor, Gaming Works, IACCM, IAOP, IFDC, Innovation Value Institute, IPMA-NL, ITSqc, NAF, KNVI, PMI-NL, PON, The Open Group, The SOX Institute.

Topics are (per domain):

IT and IT Management	Enterprise Architecture	Project Management
ABC of ICT	ArchiMate®	A4-Projectmanagement
ASL®	GEA®	DSDM/Atern
CATS CM®	Novius Architectuur Methode	ICB / NCB
CMMI®		ISO 21500
COBIT®	TOGAF®	MINCE®
e-CF		M_o_R®
ISO/IEC 20000	**Business Management**	MSP®
ISO/IEC 27001/27002	BABOK® Guide	P3O®
ISPL	BiSL® and BiSL® Next	PMBOK® Guide
IT4IT®	BRMBOK™	Praxis®
IT-CMF™	BTF	PRINCE2®
IT Service CMM	EFQM	
ITIL®	eSCM	
MOF	IACCM	
MSF	ISA-95	
SABSA	ISO 9000/9001	
SAF	OPBOK	
SIAM™	SixSigma	
TRIM	SOX	
VeriSM™	SqEME®	

For the latest information on VHP publications, visit our website: www.vanharen.net.

Inhoudsopgave

	Dianummer	Paginanummer
Zelfreflectie		7
Agenda		9
Introductie	(1)	11
Belangrijkste Concepten van Service Management	(9)	15
Producten en services	(12)	16
Waardecreatie	(14)	17
Belangrijke stakeholders	(16)	18
Servicerelaties	(18)	19
Onderscheid output en eindresultaat	(20)	20
Samenvatting en vragen	(24)	22
Vier dimensies van service management	(30)	25
Organisatie en mensen	(32)	26
Informatie en technologie	(33)	27
Partners en toeleveranciers	(39)	30
Waardestromen en processen	(42)	31
Externe factoren	(45)	33
Samenvatting en vragen	(46)	33
Het ITIL Servicewaardesysteem	(50)	35
Samenvatting en vragen	(59)	40
Service Waardeketen	(62)	41
Samenvatting en vragen	(74)	47
ITIL-Richtinggevendeprincipes	(79)	50
Concentreer op Waarde	(88)	54
Begin waar je bent	(92)	56
Maak iteratieve voortgang met feedback	(96)	58
Werk samen en bevorder zichtbaarheid	(100)	60
Optimaliseer en automatiseer	(112)	66
Samenvatting en vragen	(116)	69

Servicemanagement practices	(122)	71
ITIL managementpractices	(123)	72
Samenvatting en vragen	(161)	90
Algemene en technische managementpractices	(167)	94
Summary & Practice Questions	(182)	101

Opdrachten

1. Belangrijke concepten van servicemanagement	106
2. Belangrijke concepten uit ITIL	110
3. ITIL practices	114
4. Casus – waardestromen en processen	119

Voorbeeldexamen 1	121
Voorbeeldexamen 1 Antwoorden en onderbouwing	133
Voorbeeldexamen 2	157
Voorbeeldexamen 2 Antwoorden en onderbouwing	168
Syllabus	190
Glossary	195

Diagram Zelfreflectie op begrip

Met deze diagram kun je je kennis en begrip van het materiaal evalueren. Vul hem in om te kijken hoe je ervoor staat. Om voor het examen te slagen zou je ernaar moeten streven om in het bovenste gedeelte van niveau 3 uit te komen. Wil je echt een pro worden? Richt je pijlen dan op niveau 4. Je algemene niveau van begrip zal natuurlijk de leercurve volgen. Daarom is het belangrijk dat je op ieder moment van de training weet waar je zit in het diagram en dat je aandacht besteedt aan de knelpunten. Op basis van je positie in de diagram Zelfreflectie op begrip, kun je de voortgang van je eigen training evalueren.

Niveau van begrip	*Voor de training (voorkennis)*	*Training Deel 1 (1ste helft)*	*Training Deel 2 (2de helft)*	*Nadat je het boek hebt doorgenomen en hebt gestudeerd*	*Nadat je de oefeningen en het proefexamen gemaakt hebt*
Niveau 4 Ik kan de inhoud begrijpen en toepassen.					
Niveau 3 Ik snap het! Ik zit op de goede weg					Klaar voor het examen!
Niveau 2 Ik begrijp het bijna. Ik zou nog wat oefening kunnen gebruiken.					
Niveau 1 Ik leer, maar begrijp het nog niet echt.					

(Diagram Zelfreflectie op begrip)

Noteer welke knelpunten je nog tegenkomt zodat je ze zelf of met je trainer kunt oplossen. Evalueer daarna met behulp van het diagram of je beter begrijpt waar je staat op de leercurve.

Probleemoplossing

	Knelpunt:	Onderwerp:

Deel 1

Deel 2

Nadat je het boek hebt doorgenomen en hebt gestudeerd

Nadat je oefeningen en het proefexamen gemaakt hebt

Timetable

	Day 1, Key concepts of service management
Part 1	Introduction
	Value creation, outcomes, costs and risks
	Services and service relationships
	The four dimensions
	Lunch
Part 2	The ITIL service value system
	The activities of the service value chain
	The nature and use of the guiding principles
	Day 2, Selected ITIL practices and key terms
Part 1	Service management practices
	General practices
	Technical practices
	Theme Quality + Quality Review Technique
	Exercise Quality Management Approach
	Lunch
Part 2	Set up exam
	ITIL® Exam

Trainingsagenda
- Dag 1: Belangrijkste servicemanagement-concepten
  - Waardecreatie, uitkomsten, kosten en risico's
  - Services en servicerelaties
  - De vier dimensies
  - Het ITIL-service value system
  - De activiteiten van de servicewaardeketen
  - De aard en het gebruik van de richtinggevende principes
- Dag 2: Geselecteerde ITIL-practices en belangrijkste termen
  - Servicemanagement-practices
  - Algemene practices
  - Technische practices

ITIL is in ontwikkeling …

✓ Van procesgericht naar een holistische benadering
✓ Van gefragmenteerde levensyclus naar 'end-to-end'
✓ Van grote releases naar Continual Improvement
✓ Van operationele silo's naar flexibele waardestromen

Principes als centraal thema

Er is een duidelijke trend waarneembaar bij algemeen gebruikte frameworks, modellen en methodologieën: er wordt weg bewogen van regels en ingezoomd op principes.

Productmanagement

Er is een duidelijke trend waarneembaar in IT-organisaties om productmanagement-terminologie te gebruiken en werkwijzen uit andere domeinen over te nemen, zoals uit de ingenieurs- en maakindustrie.

Een citaat uit het ITIL 4-foundationboek toont dit aan:

De services die een organisatie levert zijn gebaseerd op een of meer van haar producten. Organisaties bezitten of hebben toegang tot een verscheidenheid aan middelen. De organisatie stelt producten, die waardevol kunnen zijn voor haar klanten, samen uit deze middelen.

BELANGRIJKSTE CONCEPTEN VAN SERVICEMANAGEMENT

Begrijpen van de kernbegrippen van servicemanagement

Inleiding

De meeste organisaties hebben de behoefte om de uitdagingen in servicemanagement aan te gaan en het potentieel van hedendaagse technologie in te zetten.

De belangrijkste termen en belangrijke servicemanagement-concepten die worden geïntroduceerd zijn:
- ✓ Organisaties, serviceproviders, serviceconsumenten en andere belanghebbenden
- ✓ Producten en services
- ✓ De aard van waarde en co-creatie van waarde
- ✓ Servicerelaties
- ✓ Waarde: uitkomsten, kosten en risico's

*NB: Deze concepten zijn van toepassing op **alle** organisaties en services, ongeacht hun aard en de onderliggende technologie.*

Wat is servicemanagement?

Definitie: Servicemanagement is het geheel van gespecialiseerde organisatorische vaardigheden om waarde aan klanten in de vorm van services mogelijk te maken.

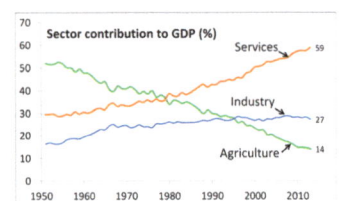

Het ontwikkelen van deze vaardigheden vereist begrip van:
- De aard van waarde
- De aard en het bereik van betrokken stakeholders
- De wijze waarop waardecreatie door services mogelijk wordt gemaakt

Services en producten

Het centrale onderdeel van servicemanagement is natuurlijk de service.

Definitie: Service is een middel om co-creatie van waarde mogelijk te maken door het faciliteren van uitkomsten die klanten willen bereiken, zonder dat de klant daarbij specifieke kosten en risico's hoeft te managen.

Definitie: Een **product** is een configuratie van de resources van een organisatie die is bedoeld om waarde voor een consument te bieden.

Serviceaanbod

Definitie: Een **serviceaanbod** is een formele beschrijving van één of meerdere services, ontworpen om aan de behoeften van een doelgroep van consumenten te voldoen. Een serviceaanbod kan goederen, toegang tot resources en serviceacties omvatten.

Component	Beschrijving	Voorbeelden
Goederen	Geleverd aan de consument Eigendom is overgedragen aan de consument De consument neemt de verantwoordelijkheid voor toekomstig gebruik	Een mobiele telefoon Een fysieke server
Toegang tot resources	Eigendom is niet overgedragen aan de consument Toegang wordt gegeven of onder licentie verstrekt aan de consument volgens afgesproken termen en voorwaarden De consument kan alleen toegang krijgen tot de middelen gedurende afgesproken consumptietijden en volgens afgesproken voorwaarden	Toegang tot het mobiele netwerk of tot netwerkopslag
Serviceacties	Uitgevoerd door de serviceprovider om in een behoefte van de consument te voorzien Uitgevoerd volgens overeenkomst met de consument	Gebruikersondersteuning Vervanging van apparatuur

Waardecreatie

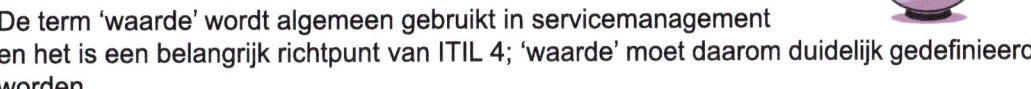

Het **doel** van een **organisatie** is om **waarde** te **creëren** voor stakeholders/belanghebbenden.

De term 'waarde' wordt algemeen gebruikt in servicemanagement en het is een belangrijk richtpunt van ITIL 4; 'waarde' moet daarom duidelijk gedefinieerd worden.

Definitie: Waarde is de waargenomen benefits, nut en belang van iets.

Waardecreatie is balanceren tussen uitkomsten, kosten en risico's.

NB: Waarde kan subjectief zijn en verschillen per stakeholder!

Service en consumenten

Serviceproviders:
Kunnen extern of intern zijn.
Kunnen services aanbieden op de open markt aan andere bedrijven of aan individuele consumenten.

Serviceconsumenten:
Wanneer een organisatie services ontvangt neemt ze de rol aan van serviceconsument.

Belangrijke stakeholders

Definitie: Een **organisatie** is een persoon of een groep mensen die zijn eigen functies heeft, met verantwoordelijkheden, bevoegdheden en relaties om zijn doelstellingen te bereiken.

Definitie: Een **klant** is de rol die de vereisten voor een service bepaalt en verantwoordelijk is voor de uitkomsten die uit de serviceconsumptie voortvloeien.

Definitie: Een **gebruiker** is de rol die gebruikmaakt van services.

Definitie: Een **sponsor** is de rol het budget voor de serviceconsumptie autoriseert.

Andere stakeholders en waarde

Een belangrijke focus van servicemanagement en ITIL is de wijze waarop organisaties waarde co-creëren met hun consumenten middels servicerelaties.

Stakeholder	Voorbeeld van waarde voor de stakeholder
Serviceconsumenten	Baten behaald; kosten en risico's geoptimaliseerd
Serviceprovider	Betaling door de consument; business development; image-verbetering
Medewerkers van een serviceprovider	Financiële en niet-financiële incentives; carrière en professionele ontwikkeling; gevoel zinvol bezig te zijn
Maatschappij en samenleving	Werkgelegenheid; belastingen; bijdrage van de organisatie aan de ontwikkeling van de samenleving
Goede doelen	Financiële en niet-financiële bijdrage van andere organisaties
Aandeelhouders	Financiële baten, zoals dividend; gevoel van zekerheid en stabiliteit

Servicerelaties

Servicerelaties worden aangegaan tussen twee of meer organisaties om waarde te creëren.

De rollen van serviceprovider en serviceconsument sluiten elkaar niet uit; organisaties leveren en consumeren meestal een aantal diensten op hetzelfde moment.

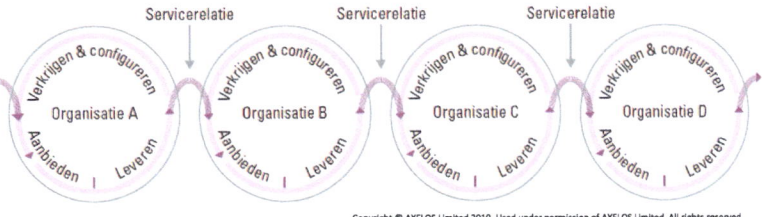

Co-creatie van waarde is essentieel

Het slechte voorbeeld: Een 'serviceprovider' die op zichzelf werkt.
Een trainingsorganisatie die zonder cursisteninformatie een eigen programma afwerkt.

Het goede voorbeeld: Actieve samenwerking tussen leverancier en consument.
Een trainingsorganisatie die aan het begin van de training met de cursisten afstemt of er nog specifieke onderwerpen behandeld moeten worden.

Onderscheid output en uitkomst

Het is belangrijk onderscheid te maken tussen output en uitkomst (outcome) van services.

Definitie: Output is een tastbare of niet-tastbare deliverable (materieel of immaterieel gevolg) van een activiteit.

Definitie: Uitkomst is een resultaat dat door een stakeholder wordt behaald en mogelijk is gemaakt door een of meer outputs.

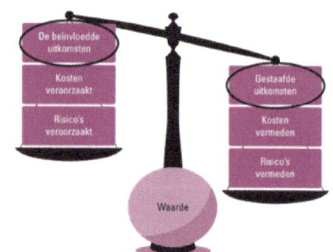

Copyright © AXELOS Limited 2019. Used under permission of AXELOS Limited. All rights reserved.

Twee soorten kosten

Definitie: Kosten zijn de hoeveelheid geld die aan een specifieke activiteit of een bepaald middel is uitgegeven.

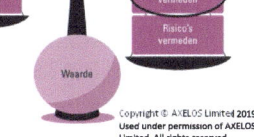

Vanuit het perspectief van de serviceconsumenten zijn er twee soorten kosten:
- ✓ **Kosten** voor de consument **die vermeden worden** door de service (een deel van de waardeaanbieding).
- ✓ **Kosten** voor de consument die **voortkomen uit** de service (de kosten van serviceconsumptie). Sommige consumenten beschrijven dit als wat zij moeten 'investeren' voor het consumeren van de service.

Twee soorten risico

Definitie: Risico is een mogelijk voorval dat **schade of verlies** kan veroorzaken, of het moeilijker kan maken om doelen te bereiken. Het kan ook worden gedefinieerd als **onzekerheid** van een uitkomst.

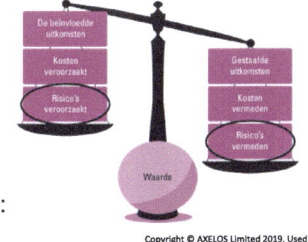

Vanuit het perspectief van serviceconsumenten zijn er twee soorten risico's:
- ✓ **Risico's** voor de consument **die vermeden worden** doordat de serviceprovider verantwoordelijk is voor (het managen van) bepaalde risico's (een deel van de waardeaanbieding).
- ✓ **Risico's** voor de consument **die veroorzaakt worden** doordat men als serviceconsument afhankelijk is van de serviceprovider (risico's van serviceconsumptie).

Een gebalanceerde aanpak is vereist voor risicovermindering in de gehele servicerelatie.

Definities van utility en warranty

Utility is de **functionaliteit** die een product of service biedt om aan een bepaalde behoefte te voldoen.

Utility kan worden samengevat als 'wat de service doet' en kan worden gebruikt om te bepalen of een service de vereiste uitkomsten kan realiseren, of deze '**fit for purpose**' is.

Warranty is de **garantie** dat een product of service aan de overeengekomen vereisten voldoet.

De prestatie van de service kan worden samengevat als '**fit for use**'.

Beide zijn essentieel voor de vaststelling of een service voldoet aan gewenste uitkomsten en waarde creëert.

Samenvatting

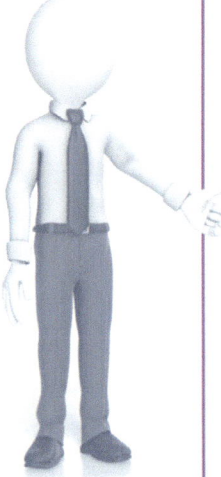

We hebben het gehad over:

- ✓ De kernbegrippen van servicemanagement, in het bijzonder hadden we het over de aard van waarde en co-creatie van waarde, organisaties, producten en services.
- ✓ De vaak complexe relaties tussen serviceproviders en consumenten, en de verschillende betrokken stakeholders.
- ✓ De belangrijke componenten voor consumentenwaarde: uitkomsten, kosten en risico's; en hoe belangrijk het is om de klantvereisten te begrijpen wanneer services ontworpen en geleverd worden.
- ✓ Deze concepten zullen verder worden uitgediept in deze training. Ook wordt een leidraad geboden voor een praktische en flexibele toepassing ervan.
- ✓ Na afronding van deze sectie ben je in staat om verschillende definities van belangrijke concepten te herkennen, te begrijpen en te beschrijven.

Herken (het) missende woord(en) in de volgende zin

Een service is een manier om co-creatie van waarde mogelijk te maken door het faciliteren van [?] die klanten willen realiseren.

- A. de warranty
- B. de uitkomsten
- C. de utility
- D. de output

Welke is de juiste definitie van warranty?

- A. Een materieel of immaterieel gevolg van een activiteit.
- B. Garantie dat een product of dienst aan de overeengekomen eisen voldoet.
- C. Een mogelijke gebeurtenis die schade of verlies kan toebrengen, of het vermogen beïnvloedt om doelen te realiseren.
- D. De functionaliteit die een product of service biedt om aan een bepaalde behoefte te voldoen.

Een serviceprovider beschrijft een pakket met daarin een laptop met software, licenties en ondersteuning

Waar is dit pakket een voorbeeld van?

- A. Waarde
- B. Een uitkomst
- C. Warranty van een service
- D. Een serviceaanbod

Wat zijn de twee soorten kosten die een serviceconsument moet afwegen?

- A. Kosten voor het creëren van de service en kosten doorbelast voor de service.
- B. Kosten weggenomen door de service en kosten doorberekend in de service.
- C. Kosten voor het leveren van de service en kosten voor verbeteren van de service.
- D. Kosten voor inkoop van software en kosten voor inkoop van hardware.

Trainingsagenda

- Dag 1: Belangrijkste servicemanagement-concepten
  - ✓ Waardecreatie, uitkomsten, kosten en risico's
  - ✓ Services en servicerelaties
  - De vier dimensies
  - Het ITIL-service value system
  - De activiteiten van de servicewaardeketen
  - De aard en het gebruik van de richtinggevende principes
- Dag 2: Geselecteerde ITIL-practices en belangrijkste termen
  - Servicemanagement-practices
  - Algemene practices
  - Technische practices

© AXELOS Limited en Van Haren Publishing

VIER DIMENSIES

Begrijpen van de vier dimensies van servicemanagement

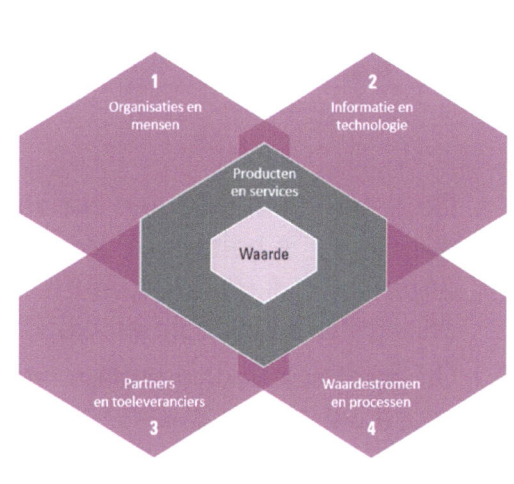

Copyright © AXELOS Limited 2019. Used under permission of AXELOS Limited. All rights reserved.

Vier dimensies

De vier dimensies zijn:
- ✓ **Organisaties en mensen**
- ✓ **Informatie en technologie**
- ✓ **Partners en leveranciers**
- ✓ **Waardestromen en processen**

NB: De vier dimensies hebben geen scherpe begrenzing en kunnen overlappen met en toegepast worden op alle services die onder beheer zijn!

Deze dimensies worden veel gebruikt in ITIL. Voorheen werden ze als 'de vier P's van Service Design' aangeduid.

Zij nog altijd relevant voor, en hebben betrekking op alle practices, de gehele **servicewaardeketen** en het **service value system (SVS)**.

1. Organisaties en mensen

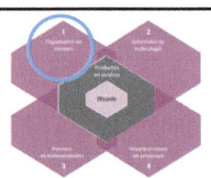

De eerste dimensie van servicemanagement – **organisaties en mensen** – is belangrijk om ervoor te zorgen dat de manier waarop een organisatie is gestructureerd en gemanaged goed is gedefinieerd en de algehele strategie en werkwijze ondersteunt.

Dit geldt ook voor de rollen, verantwoordelijkheden, de gezagstructuur en de communicatie.

Adopteren van de ITIL-richtinggevende principes kan een goed startpunt zijn.

2. Informatie en technologie

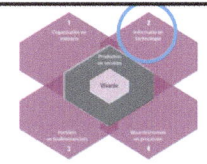

De **technologie** die servicemanagement ondersteunt bevat, maar is niet beperkt tot:

- ✓ Workflow-managementsystemen
- ✓ Kennisbanken
- ✓ Inventarissystemen
- ✓ Communicatiesystemen
- ✓ Analytische hulpmiddelen

De cultuur van een organisatie kan significante invloed hebben op de technologie die wordt gekozen.

Informatiemanagement

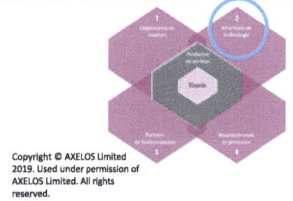

Informatiemanagement is een middel om waarde voor de business te creëren.

Informatie is in het algemeen belangrijke output van de meeste IT-services die geleverd worden.

Focus voor deze dimensie zijn ook veiligheid en vereisten voor compliance en wet- en regelgeving.

Technologie - goede vragen om te stellen

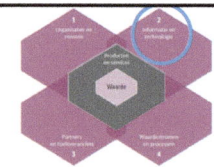

- Is deze technologie compatible met de huidige architectuur van de organisatie en van klant(en)?
- Werken de verschillende technologieproducten goed samen?
- Hoe zullen opkomende technologieën (zoals machine learning, artificial intelligence en Internet of Things) de service of de organisatie mogelijk verstoren?
- Ontstaan door deze technologie compliance of wet- en regelgeving issues met het beleid en de informatiebeveiligingsmaatregelen van de organisatie, of met die van de klanten?
- Is dit technologie die in de nabije toekomst levensvatbaar zal blijven?
- Wil de organisatie het risico nemen van gebruik van verouderde technologie of van het omarmen van opkomende en nog onbewezen technologie?
- Is deze technologie in lijn te brengen met de strategie van de leverancier en de serviceconsumenten?
- Heeft het personeel van de eigen organisatie en die van leveranciers de juiste skills om de technologie te ondersteunen en onderhouden?
- Heeft deze technologie voldoende automatiseringsmogelijkheden om haar efficiënt te ontwikkelen, uit te rollen en beheren?
- Biedt deze technologie aanvullende mogelijkheden die kunnen worden ingezet voor andere producten of services?
- Brengt deze technologie nieuwe risico's of beperkingen voor de organisatie met zich mee (bijvoorbeeld: alleen een specifieke vendor kunnen gebruiken)?

ITSM - cloudcomputing

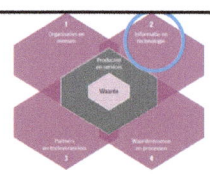

Definitie: Cloudcomputing is een model voor het mogelijk maken van on-demand netwerktoegang tot een gedeelde pool van configureerbare computermiddelen die snel met minimale beheerinspanning of interactie met de leverancier kan worden ingezet.

Cloudcomputing verandert de servicearchitectuur en de verdeling van verantwoordelijkheden tussen serviceconsumenten, serviceproviders en hun partners. Dit zou een significant snellere deployment van nieuwe en gewijzigde services mogelijk kunnen maken. Daarmee wordt high velocity levering van services ondersteund.

Cloudcomputing-impact op ITSM

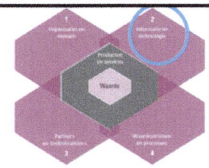

- ✓ **Vervangt bepaalde infrastructuur**, voorheen beheerd door de serviceprovider, door een cloudservice van een partner.
- ✓ **Vermindert of neemt** de noodzaak **weg** om infrastructuurbeheer-expertise en -middelen te bezitten.
- ✓ **Verlegt het accent** van servicemonitoring en beheersing van infrastructuur op eigen locatie naar de cloud.
- ✓ **Verandert kostenstructuren** van de serviceprovider, door het wegnemen van specifieke investeringsuitgaven en het introduceren van nieuwe exploitatiekosten.

Cloudcomputing verandert practices

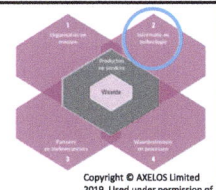

Practices die worden geraakt door cloudcomputing omvatten, maar zijn niet beperkt tot:
- ✓ Service level management
- ✓ Meten en rapporteren
- ✓ Information security management
- ✓ Service continuity management
- ✓ Leveranciersmanagement
- ✓ Incidentmanagement
- ✓ Problemmanagement
- ✓ Service request management
- ✓ Service configuration management

3. Partners en leveranciers

Elke organisatie en elke service is, tot op zekere hoogte, afhankelijk van services die door andere organisaties worden geleverd.
Deze dimensie dekt de relaties met andere organisaties die zijn betrokken bij het ontwerp, de ontwikkeling, uitrol, levering, ondersteuning en/of het voortdurend verbeteren van services.

Samenwer-kingsvorm	Output	Verant-woordelijkheid voor de outputs	Verantwoordelijkheid voor behalen van de uitkomsten	Mate van formaliteit	Voorbeelden
Goederen-toevoer	Goederen geleverd	Toeleveran-cier	Klant	Formeel supply-contract/facturatie	Inkoop van computers en telefoons
Service-levering	Services geleverd	Leverancier	Klant	Formele overeenkomsten en flexibele gevallen	Cloudcomputing (infrastructure of platform as a service)
Service partnership	Waarde geco-creëerd	Gedeeld tussen leverancier en klant	Gedeeld tussen leverancier en klant	Gedeelde doelen, generieke overeenkomsten, flexibele situatie-afhankelijke regelingen	Medewerker introductie (gedeeld tussen HR, facilities en IT)

Verschillende strategieën voor samenwerking

Vormen van samenwerking hangen af van de strategie en de doelstellingen voor klantrelaties. De strategie voor inzet van partners en leveranciers zou moeten zijn gebaseerd op doelen, cultuur en businessomgeving.

Beïnvloedende factoren zijn:
- ✓ **Strategische richting**
- ✓ **Bedrijfscultuur**
- ✓ **Schaarste van middelen**
- ✓ **Kostenoverwegingen**
- ✓ **Materiedeskundigheid**
- ✓ **Externe beperkingen**
- ✓ **Vraagpatronen**

Service Integration And Management

Een methode die een organisatie kan inzetten voor de dimensie partners en leveranciers is **Service Integration And Management (SIAM)**.

Deze gebruikt een integrator om zeker te kunnen stellen dat servicerelaties goed gecoördineerd worden.

*NB: '**As a service**' – een bundeling van goederen en services in één product die als utility kan worden geconsumeerd.*

4. Waardestromen en processen

De dimensie waardestromen en processen is van toepassing op zowel het service value system (SVS) in het algemeen als op specifieke producten en services.

In beide contexten helpt het om activiteiten, workflows, maatregelen en procedures vast te stellen die nodig zijn om overeengekomen doelstellingen te behalen.

De dimensie spitst zich toe op:
- ✓ Welke activiteiten de organisatie onderneemt
- ✓ Hoe deze zijn georganiseerd
- ✓ Hoe de organisatie ervoor zorgt dat waarde effectief en efficiënt geco-creëerd wordt voor alle belanghebbenden

Waardestroom

Definitie: Een **waardestroom** is een reeks stappen die een organisatie zet om producten en services te creëren en aan consumenten op te leveren.

Een waardestroom is een combinatie van de waardeketenactiviteiten van een organisatie.

Waardestromen moeten:
- ✓ Geïdentificeerd worden
- ✓ Uitgevoerd worden
- ✓ Verbeterd worden

Service- en productportfolio's kunnen hierbij helpen.

Proces

Definitie: Een **proces** is een reeks van onderling verbonden of op elkaar inwerkende activiteiten die input in output omzetten.
Een proces verandert gedefinieerde input in gedefinieerde output en definieert de volgorde van acties en hun afhankelijkheden.

Kenmerken van een proces:
- ✓ Doelstelling
- ✓ Productiviteitverhogend
- ✓ Procesdocumentatie:
  - Procedures (wat)
  - Werkinstructies (hoe)

Externe factoren

Andere factoren die de vier dimensies beïnvloeden:

- ✓ **P**olitieke factoren
- ✓ **E**conomische factoren
- ✓ **S**ociale factoren
- ✓ **T**echnologische factoren
- ✓ **L**egal (juridische) factoren
- ✓ **E**nvironmental (omgevings)factoren.

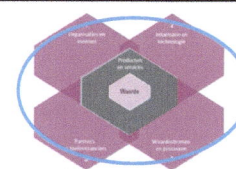

Politiek	Economisch	Sociaal
• Belastingbeleid • Financieel beleid • Invoerbelasting • Verandering van regering • Beleid van de lokale overheid (bijv. Bouwvergunningen)	• Inflatieniveau • Rentetarieven • Invoerbelasting • Wisselkoersen • Economische groeipatronen	• Culturele trends • Demografie • Verwachting van werknemers • Populatieanalyses • Trends in koopgedrag • Seizoensgebonden trends
Technologisch	**Wetgeving**	**Milieu**
• Automatisering • Onderzoek en ontwikkeling • Invoerbelasting • Technologisch bewustzijn van de markt • Impact van nieuwe media	• Consumentenwetgeving • Gezondheids- en veiligheidsnormen • Arbeidswetten • Technologisch bewustzijn van de markt • Handelsbarrières	• Geografische locatie • Klimaatveranderingen • Ecologische voetafdruk/compensatie • Regelgeving CO_2 uitstoot • Milieuprogramma

Copyright © AXELOS Limited 2019. Used under permission of AXELOS Limited. All rights reserved.

Samenvatting

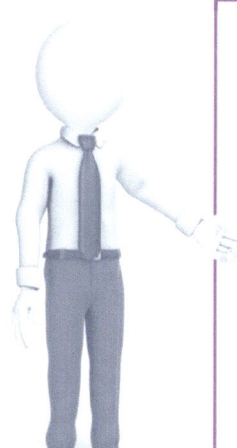

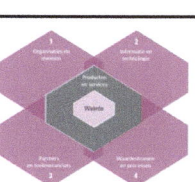

We hebben het gehad over:

- ✓ De vier dimensies van ITSM:
  1. Organisaties en mensen
  2. Informatie en technologie
  3. Partners en leveranciers
  4. Waardestromen en processen
- ✓ Andere externe factoren om te overwegen zijn:
  - Politieke factoren
  - Economische factoren
  - Sociale factoren
  - Technologische factoren
  - Legal (juridische) factoren
  - Environmental (omgevings)factoren
- ✓ Elke dimensie wordt door meerdere factoren geraakt en beïnvloedt hoe serviceproviders handelen.

Welke servicemanagement-dimensie is gericht op activiteiten en hoe deze worden gecoördineerd?

A. Organisaties en mensen

B. Informatie en technologie

C. Partners en leveranciers

D. Waardestromen en processen

Wat is GEEN belangrijke focus van de dimensie informatie en technologie?

A. Security en compliance

B. Communicatiesystemen en kennisdatabases

C. Workflowmanagement en inventarissysteemen

D. Rollen en verantwoordelijkheden

Trainingsagenda
- Dag 1: Belangrijkste servicemanagement-concepten
    - ✓ Waardecreatie, uitkomsten, kosten en risico's
    - ✓ Services en servicerelaties
    - ✓ De vier dimensies
    - Het ITIL-service value system
    - De activiteiten van de servicewaardeketen
    - De aard en het gebruik van de richtinggevende principes
- Dag 2: Geselecteerde ITIL-practices en belangrijkste termen
    - Servicemanagement-practices
    - Algemene practices
    - Technische practices

© AXELOS Limited en Van Haren Publishing

ITIL SERVICEWAARDE-SYSTEEM

Begrijpen van het doel en de componenten van het ITIL-service value system (SVS)

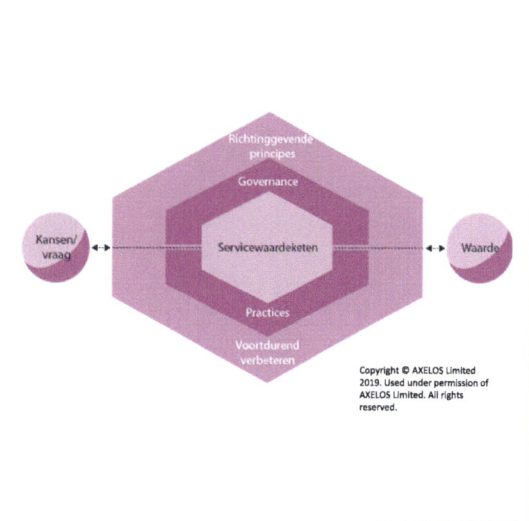

Copyright © AXELOS Limited 2019. Used under permission of AXELOS Limited. All rights reserved.

©2019 - All training materials are sole property of Van Haren Publishing BV
They are not to be reproduced in any form or shape without written permission.

ITIL-service value system (SVS)

De drie hoofdonderdelen van het ITIL-SVS zijn:
- ✓ **Input** in het systeem:
  - Kansen en behoeftes
- ✓ **Componenten** van het systeem:
  - Richtinggevende principes
  - Governance
  - Servicewaardeketen
  - Practices
  - Continual Improvement
- ✓ **Output** van het systeem:
  - Behalen van doelstellingen en waarde

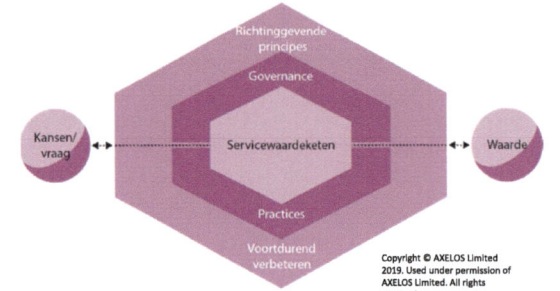

Copyright © AXELOS Limited 2019. Used under permission of AXELOS Limited. All rights reserved.

Doel van het SVS

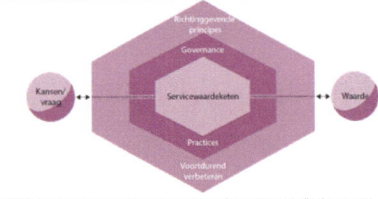

Copyright © AXELOS Limited 2019. Used under permission of AXELOS Limited. All rights reserved.

Doel:

Zekerstellen dat de organisatie voortdurend waarde co-creëert samen met alle stakeholders, door het gebruiken en managen van producten en services.

Het ITIL-SVS beschrijft hoe alle componenten en activiteiten van een organisatie samenwerken om waardecreatie te vergemakkelijken.

Input en output van het SVS

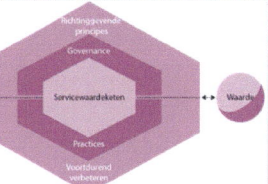

Het SVS van elke organisatie heeft raakvlakken met andere organisaties; deze vormen zo een **ecosysteem**.

Input:
- ✓ **Kansen**: dit zijn opties of mogelijkheden om waarde toe te voegen voor stakeholders of anders het verbeteren van de organisatie.
- ✓ **Behoeftes**: noodzaak voor of verlangen naar producten en services bij interne en externe consumenten.

Uitkomst:
- ✓ **Waarde**: het ervaren voordeel, nut en belang van iets.

Componenten van het SVS (1)

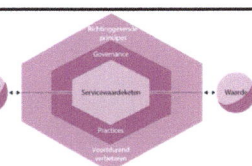

Richtinggevende principes
- ✓ Aanbevelingen die een organisatie onder alle omstandigheden een richtlijn kunnen bieden, ongeacht veranderingen in haar doelen, strategieën, soort werk of managementstructuur.

Governance
- ✓ De manier waarop een organisatie wordt bestuurd en beheerst.

Servicewaardeketens
- ✓ Een reeks samenhangende activiteiten die een organisatie uitvoert om een waardevol product of waardevolle service aan haar consumenten te leveren en waardecreatie te ondersteunen.

Componenten van het SVS (2)

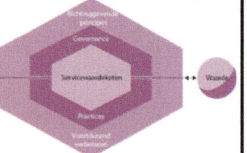

Practices
- Reeksen van organisatorische resources die zijn ontworpen voor het uitvoeren van werkzaamheden of het bereiken van een doelstelling.

Continual Improvement
- Een herhaaldelijk uitgevoerde organisatorische activiteit die op alle niveaus wordt uitgevoerd om ervoor te zorgen dat de prestaties van een organisatie voortdurend aan de verwachtingen van stakeholders voldoen.

Uitdagingen

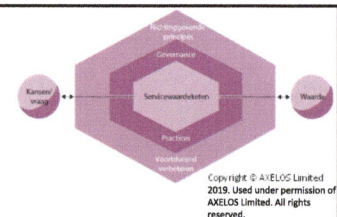

- **Organisatiesilo's** maken het moeilijk om effectief en efficiënt en met een gedeelde visie te werken, of om meer Agile en veerkrachtiger te worden.
- Silo's kunnen resistent zijn tegen verandering en eenvoudige toegang tot de informatie en gespecialiseerde expertise voorkomen, wat de efficiëntie kan verminderen en kosten en risico's kan verhogen.
- Silo's maken communicatie of samenwerking tussen groepen ook lastig.

Hoe kan het SVS helpen deze uitdagingen weg te nemen?

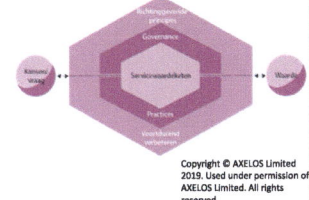

Het ITIL-SVS is specifiek ontworpen om flexibiliteit mogelijk te maken en werken in silo's te ontmoedigen.

Het is niet bedoeld als een vastgelegde, rigide structuur.

Er worden voorbeelden van waardestromen gegeven, maar zij zijn niet definitief of voorschrijvend.

Organisatorische wendbaarheid en veerkracht

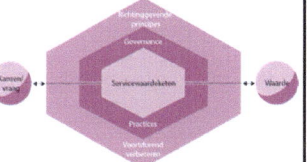

- ✓ Interne verandering: organisatorische wendbaarheid:
  - Snel in actie komen
  - Aan kunnen passen aan een nieuwe situatie
  - Flexibel zijn

- ✓ Externe verandering: organisatorische veerkracht:
  - Voorbereiden op de verandering
  - Inspelen op de verandering
  - Aanpassen aan de verandering

Dit vereist een gedeeld begrip van prioriteiten en doelstellingen.

Samenvatting

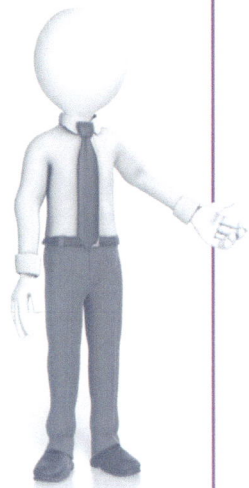

We hebben het gehad over:

- ✓ Het ITIL-service value system (SVS) en zijn doel, functie, structuur en bedrijfswaarde.
- ✓ De drie hoofdonderdelen van het SVS en hun inhoud:

  Input:
  - Kansen en behoeftes

  Componenten:
  - Richtinggevende principes
  - Governance
  - Servicewaardeketen
  - Practices
  - Continual Improvement

  Uitkomst:
  - Waarde voor stakeholders
- ✓ De aanleiding voor de architectuur van het SVS en hoe dit uitdagingen (silowerken) adresseert.

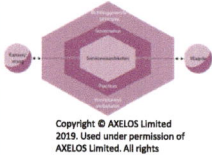

Copyright © AXELOS Limited 2019. Used under permission of AXELOS Limited. All rights reserved.

ITIL-service value system

Welk ITIL-concept beschrijft governance?

A. De zeven richtinggevende principes

B. De vier dimensies van servicemanagement

C. De servicewaardeketen

D. Het service value system

Trainingsagenda

- Dag 1: Belangrijkste servicemanagement-concepten
  - ✓ Waardecreatie, uitkomsten, kosten en risico's
  - ✓ Services en servicerelaties
  - ✓ De vier dimensies
  - ✓ Het ITIL-service value system
  - De activiteiten van de servicewaardeketen
  - De aard en het gebruik van de richtinggevende principes
- Dag 2: Geselecteerde ITIL-practices en belangrijkste termen
  - Servicemanagement-practices
  - Algemene practices
  - Technische practices

SERVICE-WAARDEKETEN

Begrijpen van de activiteiten van de servicewaardeketen en hoe deze op elkaar aansluiten

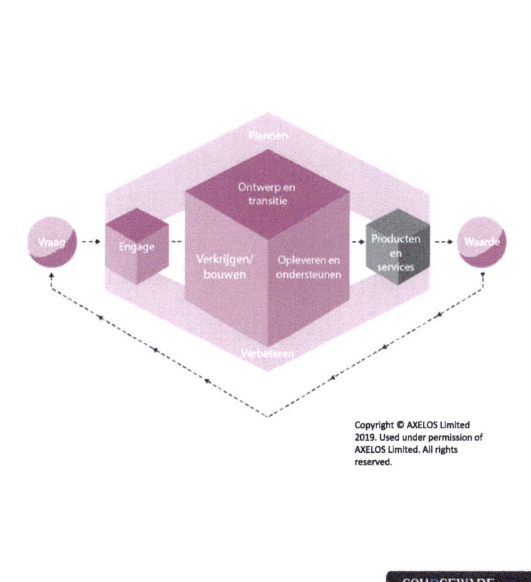

Copyright © AXELOS Limited 2019. Used under permission of AXELOS Limited. All rights reserved.

Het centrale deel van het SVS

De servicewaardeketen is een managementmodel dat de belangrijkste activiteiten voor het managen van producten en services schetst.

Het speelt in op kansen en behoeftes en draagt bij aan het creëren van waarde.

Het omvat zes activiteiten:

- ✓ **Plannen**
- ✓ **Verbeteren**
- ✓ **Engage**
- ✓ **Ontwerpen en transitie**
- ✓ **Verkrijgen en/of bouwen**
- ✓ **Opleveren en ondersteunen**

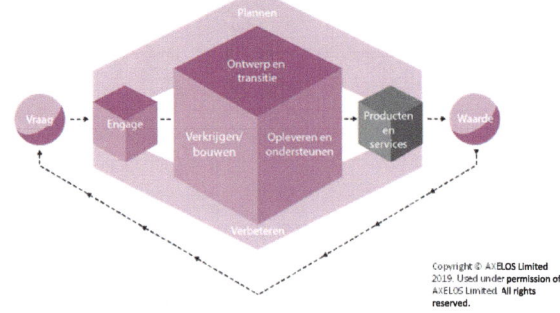

Copyright © AXELOS Limited 2019. Used under permission of AXELOS Limited. All rights reserved.

ITIL-servicewaardeketen — © AXELOS Limited en Van Haren Publishing

---

De servicewaardeketen

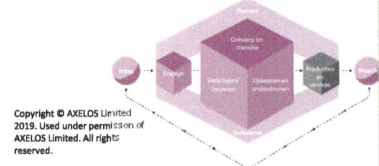

Copyright © AXELOS Limited 2019. Used under permission of AXELOS Limited. All rights reserved.

De activiteiten hangen samen met elkaar en triggeren elkaar voor te ondernemen acties.

De activiteiten van de servicewaardeketen gebruiken combinaties van ITIL-practices om hun inputs in outputs te transformeren.

> *Bijvoorbeeld:* **Engage** *kan een aantal practices inzetten, zoals leveranciersmanagement, servicedesk, relatiemanagement en service request management, om in te spelen op nieuwe kansen en behoeftes voor producten en services, besluiten, of informatie van verschillende stakeholders.*

ITIL-servicewaardeketen — © AXELOS Limited en Van Haren Publishing

Servicewaardestromen

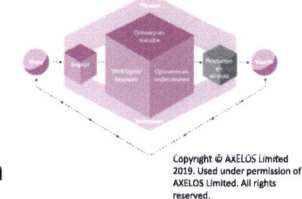

Servicewaardestromen zijn specifieke combinaties van activiteiten en practices. Elk is ontworpen voor een bepaald scenario.
Eenmaal ontworpen worden waardestromen voortdurend verbeterd.

Voorbeelden van generieke practices die kunnen worden gebruikt als ondersteuning in veel verschillende scenario's:
- ✓ Bedrijfsanalyse
- ✓ Ontwikkeling
- ✓ Testen
- ✓ Release en deployment
- ✓ Ondersteunen

NB: Hoewel deze stappen algemeen toepasbaar zijn, hebben verschillende producten en klanten verschillende werkstromen nodig.

Plannen

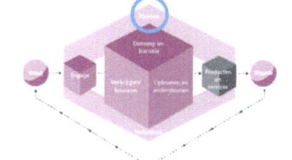

Het **doel** van Plannen is te zorgen voor een breed en gedeeld begrip van de visie, huidige status en verbeteringsrichting voor alle vier de dimensies en alle producten en services van de gehele organisatie.

Belangrijke **input** voor Plannen is onder andere:
- ✓ Beleid, vereisten en beperkingen geleverd door het governance-orgaan
- ✓ Geconsolideerde behoeftes en kansen geleverd door Engage
- ✓ Verbeterstatusrapportages van Verbeteren
- ✓ Kennis en informatie over servicecomponenten van derden van Engage

Verbeteren

Het **doel** van Verbeteren is om voortdurende verbetering van producten, services en practices te bewerkstelligen binnen alle waardeketenactiviteiten en de vier dimensies van servicemanagement.

Belangrijke **input** voor Verbeteren is onder andere:
- ✓ Informatie over product- en serviceprestaties geleverd door Opleveren en ondersteunen
- ✓ Feedback van stakeholders geleverd door Engage
- ✓ Kennis en informatie over servicecomponenten van derden van Engage

Engage

Het **doel** van Engage is een goed inzicht te bieden in de behoeftes van stakeholders, transparantie, voortdurende betrokkenheid en goede relaties met alle stakeholders.

Belangrijke **input** voor Engage is onder andere:
- ✓ Product- en serviceportfolio geleverd door Plannen
- ✓ Een indruk van behoeftes en gedetailleerde vereisten voor services en producten geleverd door klanten
- ✓ Incidenten, servicerequests, feedback en marketingmogelijkheden van klanten en gebruikers

Ontwerpen en transitie

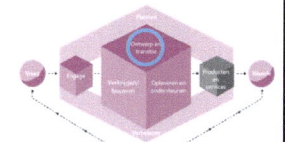

Het **doel** van Ontwerpen en transitie is ervoor te zorgen dat producten en services voortdurend voldoen aan de verwachtingen van stakeholders wat betreft kwaliteit, kosten en time-to-market.

Belangrijke **input** voor Ontwerpen en transitie is onder andere:
- ✓ Portfoliobesluiten geleverd door Plannen
- ✓ Architecturen en beleid geleverd door Plannen
- ✓ Product- en servicevereisten geleverd door Engage

Verkrijgen en/of bouwen

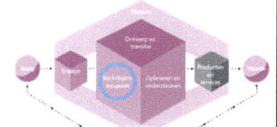

Het **doel** van Verkrijgen en/of bouwen is om ervoor te zorgen dat servicecomponenten beschikbaar zijn wanneer en waar zij nodig zijn, en dat deze aan de overeengekomen specificaties voldoen.

Belangrijke **input** voor Verkrijgen en/of bouwen is onder andere:
- ✓ Architecturen en beleid geleverd door Plannen
- ✓ Contracten en overeenkomsten met externe en interne leveranciers en partners geleverd door Engage
- ✓ Goederen en services geleverd door externe en interne leveranciers en partners

Opleveren en ondersteunen

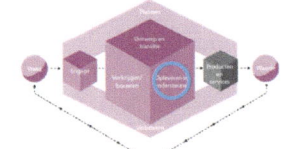

Het **doel** van Opleveren en ondersteunen is ervoor te zorgen dat services worden opgeleverd en ondersteund volgens overeengekomen specificaties en verwachtingen van stakeholders.

Belangrijke **input** van Opleveren en ondersteunen is onder andere:
- ✓ Nieuwe en gewijzigde producten en services geleverd door Ontwerpen en transitie
- ✓ Contracten en overeenkomsten met externe en interne leveranciers en partners geleverd door Engage
- ✓ Servicecomponenten geleverd door Verkrijgen en/of bouwen
- ✓ Verbeterinitiatieven en plannen geleverd door Verbeteren

Agile-ITSM (1)

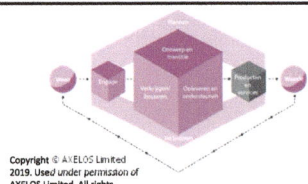

Om succesvol te zijn moet een organisatie in staat zijn om zich aan te passen aan veranderende omstandigheden en ondertussen functioneel en effectief blijven.

Veel principes van Agile kunnen en moeten toegepast worden op servicemanagement.

Indien succesvol toegepast, maakt Agile softwareontwikkeling het mogelijk om sneller in te spelen op veranderende vereisten van serviceconsumenten.

Agile-ITSM (2)

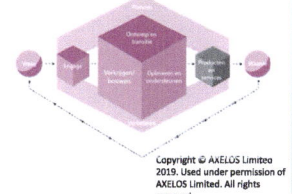

In veel organisaties heeft Agile softwareontwikkeling niet de verwachte voordelen geleverd als gevolg van een gebrek aan wendbaarheid (agility) in de andere onderdelen van de IT-organisatie.

De algehele prestaties van de waardeketen worden bepaald door de prestaties van het langzaamste onderdeel.

Een holistische benadering van de servicewaardeketen zou geadopteerd moeten worden, zodat de serviceprovider wendbaar (agile) is in alle activiteiten.

Samenvatting

We hebben het gehad over:

✓ De servicewaardeketen, een managementmodel dat een overzicht geeft van de belangrijkste activiteiten die vereist zijn voor het inspelen op behoeftes en voor het faciliteren van waarderealisatie, door middel van de creatie en het management van producten en services.

✓ De zes hoofdactiviteiten zijn:
 - Plannen   - Ontwerpen en transitie
 - Verbeteren - Verkrijgen en/of bouwen
 - Engage   - Opleveren en ondersteunen

✓ De servicewaardestromen als specifieke combinaties van activiteiten en practices, ontworpen voor een bepaald scenario. Nadat het is ontworpen, wordt een waardestroom voortdurend verbeterd.

✓ De noodzaak van, en mogelijk positieve invloed van geïntegreerde Agile werkwijzen in combinatie met ITSM.

Welke waardeketenactiviteit creëert servicecomponenten?

A. Verbeteren

B. Engage

C. Verkrijgen en/of bouwen

D. Opleveren en ondersteunen

Welk statement over de waardeketenactiviteiten is CORRECT?

A. Elke practice behoort bij een specifieke waardeketenactiviteit.

B. Een specifieke combinatie van waardeketenactiviteiten en practices vormt een servicerelatie.

C. Servicewaardeketen-activiteiten vormen een op zichzelf staande flow die waardecreatie mogelijk maakt.

D. Elke waardeketenactiviteit draagt bij aan de waardeketen door specifieke input in output te transformeren.

Welke waardeketenactiviteit omvat onderhandelen over contracten en overeenkomsten met leveranciers en partners?

A. Engage

B. Ontwerpen en transitie

C. Verkrijgen en/of bouwen

D. Opleveren en ondersteunen

Trainingsagenda

- Dag 1: Belangrijkste servicemanagement-concepten
  - ✓ Waardecreatie, uitkomsten, kosten en risico's
  - ✓ Services en servicerelaties
  - ✓ De vier dimensies
  - ✓ Het ITIL-service value system
  - ✓ De activiteiten van de servicewaardeketen
  - De aard en het gebruik van de richtinggevende principes
- Dag 2: Geselecteerde ITIL-practices en belangrijkste termen
  - Servicemanagement-practices
  - Algemene practices
  - Technische practices

ITIL-RICHTINGGEVENDE PRINCIPES

Begrijpen hoe de ITIL-richtinggevende principes een organisatie kunnen helpen bij het toepassen en aanpassen van servicemanagement

Wat is een ITIL-richtinggevend principe?

Een ITIL-richtinggevend principe is een aanbeveling die een organisatie onder **alle** omstandigheden richting kan geven, ongeacht veranderingen in haar doelen, strategieën, soort werk of managementstructuur.

Een richtinggevend principe is **universeel** en van toepassing op alle situatie managementniveaus. Het is niet voorschrijvend of verplicht.

Het belichaamt de kernboodschap van ITIL en van servicemanagement in het algemeen. Het ondersteunt succesvolle acties en goede besluiten van alle types en op alle niveaus.

Principe-interactie en relevantie

ITIL-richtinggevende principes interacteren met en zijn afhankelijk van elkaar.

NB: Organisaties moeten daarom niet maar één of twee principes gebruiken, maar de relevantie en samenhang van alle principes beoordelen, zodat ze in samenhang tot elkaar kunnen worden ingezet.

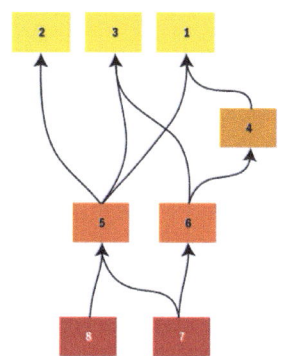

De ITIL-richtinggevende principes

Richtinggevend principe	Omschrijving
Concentreer op waarde	Alle activiteiten van de serviceorganisatie moeten betrekking hebben op het direct of indirect creëren van waarde voor de organisatie, haar klanten en andere stakeholders.
Begin waar je bent	Begin niet met een schets en met het opbouwen van iets nieuws zonder te overwegen wat kan worden hergebruikt om waarde te creëren. De huidige toestand moet daarom zo objectief mogelijk worden gemeten.
Maak iteratieve voortgang met feedback	Probeer niet alles tegelijk te doen. Zelfs grootschalige initiatieven moeten op iteratieve wijze uitgevoerd worden.
Werk samen en maak het zichtbaar	Langdurig succes wordt gestimuleerd door samenwerking tussen alle stakeholders. Het behalen van doelstellingen vereist informatie, begrip en vertrouwen.
Denk en werk holistisch	Een holistische aanpak vereist inzicht in de rol van alle vier de dimensies, waarbij op geïntegreerde manier wordt samengewerkt door alle stakeholders.
Houd het eenvoudig en praktisch	Gebruik alleen het minimum aantal stappen dat nodig is om een doel te halen. Elimineer dat wat geen bijdrage levert aan de waarde.
Optimaliseer en automatiseer	Alles dient zo effectief en efficiënt mogelijk te worden gemaakt als zinvol is. Automatiseer frequente en repetitieve taken pas nadat ze zijn geoptimaliseerd. Standaardisatie ondersteunt automatisering.

De Agile methodologie

De Agile methodologie is een methodologie die zich richt op het leveren en ontdekken van vereisten in kleine teams. Het is een getimeboxte, flexibele en adaptieve benadering gespitst op snel inspelen op verandering.

Teams zijn vaak zelforganiserend en er is een hoge mate van samenwerking tussen klanten, gebruikers en ontwikkelteams bij elke mogelijkheid die zich voordoet.

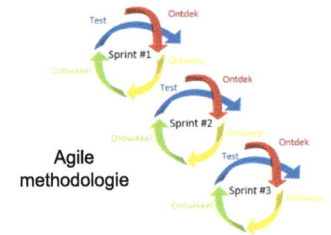

Agile methodologie

Samenwerking ITIL en Agile

- ✓ Samenwerken op basis van ITIL en Agile kan teams helpen door de focus op effectievere, snellere en stabielere uitrol van services.
- ✓ Zo worden de kosten van de service ook lager.
- ✓ Samenwerken vereist coördinatie tussen Agile projecten en andere onderdelen van servicemanagement die niet werken met Agile methodes.

Samenwerking ITIL en DevOps

- ✓ DevOps komt voort uit een hechte samenwerking van softwareontwikkeling en operationele activiteiten.
- ✓ Snel uitgerolde software moest ook snel in beheer genomen kunnen worden.
- ✓ Daarbij worden technische beheerwerkzaamheden en uitrol op elkaar afgestemd.
- ✓ Bovendien levert het snelle feedback over de kwaliteit op.

Alles komt samen

- ✓ Het werken met getimeboxte iteraties (Agile methodes) kan risico's van instabiliteit van bestaande services met zich meebrengen.
- ✓ Het kan een voordeel opleveren om ook met DevOps te gaan werken om zo ITIL- en Agile practices goed te laten samenwerken.

ITIL en Agile kunnen goede vrienden zijn. Een Agile team dat zich focust op klantbehoeftes en -tevredenheid op het niveau van end-to-end service, zal meer waarde leveren in een kortere tijd.

Principes vergeleken

Agile manifest	ITIL-richtinggevende principes
• Individuen en interacties boven processen en tools	• Houd het eenvoudig en praktisch • Begin waar je bent
• Werkende software boven allesomvattende documentatie	• Concentreer op waarde • Denk en werk holistisch
• Klantbetrokkenheid boven contractonderhandeling	• Concentreer op waarde • Werk samen en maak het zichtbaar
• Inspelen op verandering boven volgen van een plan	• Maak iteratieve voortgang met feedback • Houd het eenvoudig en praktisch

Concentreer op waarde

Alles wat de organisatie direct of indirect doet, moet gekoppeld kunnen worden aan waarde voor de klanten, voor andere stakeholders en ook voor zichzelf.

Waarde laat zich op verschillende manieren zien:

- ✓ Omzet
- ✓ Klantloyaliteit
- ✓ Lagere kosten
- ✓ Betere groeimogelijkheden

*NB: Denk aan het adresseren van verschillende groepen stakeholders, **niet alleen klanten**.*

Consumentenperspectief

Als de consument is geïdentificeerd, moet de serviceprovider erachter komen:
- ✓ Waarom de consument de services gebruikt?
- ✓ Wat de services hem helpen te doen?
- ✓ Hoe de services hem helpen zijn doelen te bereiken?
- ✓ Wat de rol is van kosten of van financiële consequenties voor de serviceconsument?
- ✓ Wat de rol is van risico's voor de serviceconsument?

De klant- of gebruikerservaring

Een belangrijk waarde-element is de ervaring die consumenten hebben wanneer zij interacteren met de service en de serviceprovider.

Dit wordt vaak verder uitgediept in klantervaring (**CX**) of gebruikerservaring (**UX**).

CX (of UX) kan worden gedefinieerd als het geheel van de interacties die een klant (of gebruiker) heeft met een organisatie en haar producten.

Deze ervaring kan bepalen hoe de klant zich voelt over de organisatie en haar producten en services. Dit is zowel objectief als subjectief.

Het principe toepassen

- ✓ Weet hoe serviceconsumenten elke service gebruiken.
- ✓ Moedig het hele personeel aan om altijd te concentreren op waarde.
- ✓ Concentreer op waarde gedurende normale operationele activiteiten en tijdens verbeterinitiatieven.
- ✓ Let op de focus op waarde in elke stap van elk verbeterinitiatief.

Begin waar je bent

In het proces van elimineren van oude, niet succesvolle methodes of services en het creëren van iets beters, kan de verleiding ontstaan weg te halen wat in het verleden is gedaan en iets totaal nieuws te bouwen.

Dit is zelden noodzakelijk of een wijs besluit. Integendeel, het kan zeer verspillend zijn, niet alleen wat betreft tijd, maar ook wat betreft verlies van bestaande services, processen, mensen en tools die significante waarde zouden kunnen hebben in de verbeterinspanning.

Bepaal waar je bent

- Het bepalen van wat het vertrekpunt moet zijn, dient te gebeuren op basis van observaties en op basis van uitgevoerde metingen.
- Er is vaak discrepantie tussen rapporten en de realiteit.
- Gebruik metingen niet als vervanging van de observaties. Directe **persoonlijke** observatie heeft altijd de voorkeur.

De rol van meten

Metingen moeten worden gebruikt als ondersteuning van de analyse van wat is geobserveerd en niet als vervanging daarvan, omdat overmatig vertrouwen op data-analyse vooringenomenheid en risico's kan introduceren.

Als een meting het doel wordt, dan is het niet langer een goede maatstaf
Wet van Goodhart

Het principe toepassen

Overweeg deze adviezen:
- ✓ Bekijk wat er is zo objectief mogelijk, gebruik de gewenste uitkomst als startpunt.
- ✓ Wanneer er voorbeelden van succesvolle practices of services worden gevonden, bepaal dan of en hoe deze kunnen worden herhaald om de gewenste staat te bereiken.
- ✓ Pas je risicomanagementvaardigheden toe.
- ✓ Erken dat soms niets van de huidige staat kan worden hergebruikt.

Maak iteratieve voortgang met feedback

- ✓ Weersta de verleiding alles in één keer te doen.
- ✓ Organiseer werk in kleinere, beheersbare onderdelen.
- ✓ Houd elke afzonderlijke iteratie beheersbaar en manage deze ook.
- ✓ Kleine stapjes zijn de basis waarop weer verder kan worden gebouwd.
- ✓ Dit leidt tot verdere verbeteringen.

De rol van feedback

Verbeteriteraties kunnen niet in een vacuüm plaatsvinden.
Vraag vooraf, tijdens en na de iteratie om feedback.

Een feedbackloop is een situatie waarin een deel van de output van een activiteit gebruikt wordt als nieuwe input. Feedback moet actief in de waardeketen verzameld en verwerkt worden om zo begrip te krijgen van:
- ✓ Eindgebruiker- en klantperceptie van de gecreëerde waarde
- ✓ De efficiëntie en effectiviteit van waardeketenactiviteiten
- ✓ De effectiviteit van service-governance en managementcontrols
- ✓ De raakvlakken tussen de organisatie en het netwerk van partners en leveranciers
- ✓ De behoeftes aan producten en services

Iteratie en feedback samen

Het werken op een getimeboxte, iteratieve wijze met feedbackloops ingebed in het proces geeft ruimte aan:
- ✓ Grotere flexibiliteit
- ✓ Snellere reactie op klant- en bedrijfsbehoeftes
- ✓ Het vermogen om storingen sneller op te merken en te herstellen
- ✓ De algehele kwaliteitsverbetering

Het principe toepassen

✓ Begrijp het geheel en doe iets
Soms is de grootste vijand van iteratief verbeteren het verlangen om alles te willen begrijpen en te kunnen verantwoorden.

✓ Het ecosysteem verandert continu dus feedback is essentieel
Zoek op alle niveaus en continu naar feedback.

✓ Snel betekent niet incompleet
Creëer een **minimal viable product (MVP)** of een versie die een maximale hoeveelheid leren met de minste inspanning faciliteert.

Werk samen en maak het zichtbaar

Betrek de juiste mensen in de juiste rollen; inspanningen hebben baat bij beter draagvlak, meer relevantie (omdat betere informatie beschikbaar is voor besluitvorming) en verhoogde kans op succes voor de lange termijn.

Zonder effectieve samenwerking zal noch DevOps, noch Agile, noch Lean noch enig ander ITSM-framework of andere methode werken.

Transparantie geeft vertrouwen

Informatie, begrip en vertrouwen zijn de basis voor goede samenwerking die leidt tot werkelijke resultaten.

- ✓ Maak voortgang zichtbaar
- ✓ Vermijd verborgen agenda's
- ✓ Deel informatie zo veel mogelijk

Weerstand tegen veranderen zal vaak optreden als medewerkers zich niet bewust zijn van de verandering en erover gaan speculeren hoe dit hen zal raken.

Wie werkt samen met wie?

Het identificeren en managen van alle groepen stakeholders (belanghebbenden) is belangrijk; succesvolle samenwerking kan haar oorsprong vinden in deze stakeholdergroepen.

De eerste en meest voor de hand liggende stakeholdergroep is de **klant.** Sommige organisaties zijn echter niet goed in de interactie met klanten.

Uiteindelijk zal het juiste niveau van samenwerking met klanten leiden tot betere uitkomsten voor de organisatie, de klanten en andere stakeholders.

Andere stakeholders om erbij te betrekken

✓ **Ontwikkelaars**

✓ **Toeleveranciers**

✓ **Relatiebeheerders**

✓ **Klanten die met elkaar samenwerken**

Communicatie ter verbetering

Voor elke stakeholdergroep is het belangrijk vast te stellen wat de effectiefste communicatiemethodes zijn.

Sommige stakeholders moeten op een zeer gedetailleerd niveau betrokken worden, terwijl anderen simpelweg kunnen worden betrokken als reviewers of goedkeurders.

Afhankelijk van de service en de relatie tussen de serviceprovider en de serviceconsument, kunnen de verwachtingen over het niveau en het type van samenwerking en de communicatie enorm afwijken.

Verhogen van de urgentie door middel van zichtbaarheid

Als stakeholders (zowel intern als extern) slecht zicht hebben op de werkdruk en de voortgang van het werk, kan de indruk bestaan dat het werk geen prioriteit heeft.

Het is belangrijk de behoeftes van stakeholders te inventariseren en deze te betrekken op alle niveaus. Bepaal hoe deze te relateren zijn aan de vastgestelde visie, missie, doelen en doelstellingen van de organisatie. Het vaststellen van type, methode en frequentie van dergelijke berichtgeving is één van de centrale activiteiten in communicatie.

Het principe toepassen

✓ **'Samenwerking' betekent niet 'consensus'.** Consensus is niet nodig.

✓ **Communiceer op een manier die het publiek begrijpt.** Voor het behalen van succes is het uiterst belangrijk om per boodschap en per doelgroep de juiste communicatiemethode te bepalen.

✓ **Besluiten kunnen alleen genomen worden met beschikbare data.** Besluitvorming zonder data is riskant.

Denk en werk holistisch

- ✓ Geen service, practice, proces, afdeling of leverancier staat op zichzelf. Kwaliteit van de output van een organisatie zal te lijden hebben als ze haar activiteiten niet op een geïntegreerde wijze, als geheel, behandelt, maar als losse onderdelen.

- ✓ Alle activiteiten van de organisatie zouden gericht moeten zijn op het leveren van waarde. In een complex systeem kan het veranderen van één element invloed hebben op alle andere elementen. Waar mogelijk moet deze invloed worden bepaald, geanalyseerd en gepland.

Het principe toepassen

- ✓ **Herken de complexiteit** van de systemen.

- ✓ **Samenwerking is belangrijk** bij holistisch denken en werken.

- ✓ **Zoek naar patronen** in de behoeftes van en interacties tussen systeemelementen, zodat bepaald kan worden wat essentieel is voor behalen van succes.

- ✓ **Automatisering kan ondersteunen** om 'end-to-end' zichtbaarheid voor de organisatie te verkrijgen en een efficiënte wijze van geïntegreerd management te verschaffen.

Houd het eenvoudig en praktisch

Altijd moet worden gestreefd naar het gebruik van een minimum aantal stappen om een doelstelling te bereiken.

Gericht denken aan de uitkomst moet ingezet worden om praktische oplossingen te maken die waardevolle uitkomsten opleveren.

Als een proces, service, actie of metric geen waarde levert of geen bruikbare uitkomst verschaft, haal het dan weg.

Conflicterende doelstellingen

Wees je bewust van **conflicterende doelstellingen** bij het ontwerpen, managen of de uitvoering van practices.

Bijvoorbeeld: Het management van een organisatie kan een grote hoeveelheid data willen verzamelen ter ondersteuning van de besluitvorming, terwijl de mensen die de registraties doen welllicht een eenvoudiger proces zouden willen waarbij niet zoveel data-invoer is vereist.

Het principe toepassen

Advies om het eenvoudig en praktisch te houden:

- ✓ **Zorg voor waarde** – elke activiteit moet bijdragen aan de creatie van waarde.
- ✓ **Eenvoud is de ultieme verfijning**.
- ✓ **Doe minder en doe het beter** – minimaliseer activiteiten en doe alleen wat waarde heeft voor één of meer stakeholders; focus meer op de kwaliteit van deze acties.
- ✓ **Respecteer de tijd van de betrokken mensen** – een proces dat te gecompliceerd en bureaucratisch is, is tijdverspilling.
- ✓ **Wat gemakkelijker te begrijpen is, wordt sneller overgenomen** – bij het inbedden van een practice, moet deze makkelijk te begrijpen zijn.
- ✓ **Eenvoud is de beste weg naar quick wins.**

Optimaliseer en automatiseer

Organisaties moeten de waarde van het door mensen en technische middelen uitgevoerde werk maximaliseren.

Technologie kan helpen om organisaties op te schalen. Echter, op technologie zou niet altijd vertrouwd moeten worden als er geen mogelijkheid is voor menselijke interventie.

Voordat er effectief geautomatiseerd kan worden moeten activiteiten geoptimaliseerd worden.

De weg naar optimalisatie

Het pad van optimalisatie volgt deze globale stappen:

1. Begrijp de context en de algehele visie en doelstellingen van de organisatie, en wees het daarover eens.
2. Beoordeel de huidige status om te begrijpen waar het beter kan en de grootst mogelijke positieve verandering kan worden bereikt.
3. Kom overeen wat de toekomstige situatie en prioriteiten moeten zijn, gericht op vereenvoudiging en waarde. Dit omvat normaliter ook standaardisatie van practices en services, die het makkelijker maken om later verder te automatiseren of optimaliseren.
4. Zorg ervoor dat de optimalisatie het juiste niveau van stakeholdercontact en -commitment geeft.
5. Voer de verbeteringen op iteratieve wijze door, gebruikmakend van metrics en andere feedback om de voortgang te bepalen.
6. Houd voortdurend de impact van de optimalisatie in de gaten om verbetermogelijkheden in de aanpak en methodes te identificeren.

Automatiseren

Automatiseren verwijst doorgaans naar het gebruik van technologie om een stap of serie stappen correct en consistent uit te voeren, met beperkte of zonder menselijke tussenkomst.

Bijvoorbeeld, organisaties toepassen continuous deployment door live en vaak automatisch te testen in elke omgeving.

Mogelijkheden voor het automatiseren van standaard en herhalende taken kunnen in de hele organisatie gevonden worden. Zo kunnen kosten worden bespaard, menselijke fouten verminderd en kan de ervaring van medewerkers verbeterd worden.

Het principe toepassen

- ✓ **Vereenvoudig en/of optimaliseer vóór er geautomatiseerd wordt.** Neem de tijd om de standaard en herhalende processen zo goed mogelijk uit te tekenen. Stroomlijn waar mogelijk (optimaliseren). Van daaruit kun je beginnen te automatiseren.
- ✓ **Stel de metrics vast.** Gebruik dezelfde metrics om het uitgangspunt te bepalen en de resultaten te meten. Verzeker je ervan dat de metrics uitkomst- en waardegericht zijn.
- ✓ **Gebruik de andere richtinggevende principes bij de toepassing.**

Samenvatting

We hebben het gehad over:

- ✓ De ITIL-richtinggevende principes en hoe zij kunnen worden gebruikt in alle omstandigheden, los van veranderende doelen, strategieën, types werk of managementstructuur. Een richtinggevend principe is universeel en duurzaam.

- ✓ De ITIL-richtinggevende principes zijn:
    - Concentreer op waarde
    - Begin waar je bent
    - Maak iteratieve voortgang met feedback
    - Werk samen en maak het zichtbaar
    - Denk en werk holistisch
    - Houd het eenvoudig en praktisch
    - Optimaliseer en automatiseer

- ✓ Alle principes werken samen en kunnen en moeten worden gebruikt met andere beschikbare frameworks of best practices, zoals Agile, DevOps, COBIT of Lean.

Wat beschrijft de aard van de richtinggevende principes?

A. Een richtinggevend principe kan een organisatie in alle omstandigheden leiden.

B. Elk richtinggevend principe vereist specifieke acties en besluiten.

C. Een organisatie zal één van de principes selecteren om te toepassen.

D. Richtinggevende principes beschrijven de processen die alle organisaties moeten toepassen.

Wat is een belangrijke overweging voor het richtinggevende principe 'houd het eenvoudig en praktisch'?

A. Probeer een oplossing te vinden voor elke uitzondering.

B. Begrijp hoe elk element bijdraagt aan waardecreatie.

C. Negeer conflicterende doelstellingen van verschillende stakeholders.

D. Begin met een complexe oplossing, ga dan vereenvoudigen.

Welk richtinggevend principe adviseert werk in kleinere, beheerbare stukken op te delen zodat ze tijdig uitgevoerd en gerealiseerd kunnen worden?

A. Concentreer op waarde.

B. Begin waar je bent.

C. Maak iteratieve voortgang met feedback.

D. Werk samen en maak het zichtbaar.

Wat is de eerste stap van het richtinggevend principe 'concentreer op waarde'?

A. Identificeer de uitkomsten die de service ondersteunt.

B. Identificeer alle leveranciers en partners die zijn betrokken bij de service.

C. Stel vast wie de serviceconsument is in elke situatie.

D. Stel de kosten van het leveren van de service vast.

Trainingsagenda

- ✓ Dag 1: Belangrijkste servicemanagement-concepten
  - ✓ Waardecreatie, uitkomsten, kosten en risico's
  - ✓ Services en servicerelaties
  - ✓ De vier dimensies
  - ✓ Het ITIL-service value system
  - ✓ De activiteiten van de servicewaardeketen
  - ✓ De aard en het gebruik van de richtinggevende principes
- Dag 2: Geselecteerde ITIL-practices en belangrijkste termen
  - Servicemanagement-practices
  - Algemene practices
  - Technische practices

SERVICE-MANAGEMENT PRACTICES

Kennen en begrijpen van ITIL managementpractices

ITIL managementpractices

Algemene managementpractices	Servicemanagement-practices	Technische managementpractices
Architectuurmanagement	Bedrijfsanalyse	Infrastructuur- en platformmanagement
Financieel management van services	Beschikbaarheidsmanagement	Softwareontwikkeling en – management
Information security management	Capaciteits- en prestatiemanagement	Deployment management
Kennismanagement	**Change enablement**	
Meting en rapportage	**Incident management**	
Organisatieverandermanagement	IT-asset-management	
Personeels- en talentmanagement	Monitoring and event management	
Portfoliomanagement	**Problem management**	
Projectmanagement	Release management	
Relationship management	Servicecatalogusmanagement	
Risicomanagement	Service configuration management	
Strategiemanagement	Servicecontinuïteitmanagement	
Supplier management	**Servicedesk**	
Continual improvement	**Service level management**	
	Serviceontwerp	
	Service request management	
	Servicevalidatie en testen	

IT asset management

Doel:
De volledige levenscyclus van alle IT-assets plannen en managen, om de organisatie te helpen bij:
- ✓ Maximaliseren van waarde
- ✓ Beheersen van kosten
- ✓ Managen van risico's
- ✓ Ondersteunen van besluitvorming over de aankoop, het hergebruik en het uitfaseren van assets
- ✓ Voldoen aan wettelijke en contractuele vereisten

Definitie: Een **IT-asset** is elk component met een financiële waarde die kan bijdragen aan de oplevering van een IT-product of IT-service.

Monitoring & eventmanagement

Doel:
Systematisch services en servicecomponenten observeren en bepaalde statuschanges die als events zijn gedefinieerd vastleggen en rapporteren.

Definitie: Een **event** is elke verandering van toestand die betekenis heeft voor het management van een service of een ander configuratie-item (CI).

Releasemanagement

Doel:
Nieuwe en veranderde services en functionaliteiten beschikbaar stellen voor gebruik.

Definitie: Een **release** is een versie van een service, een ander configuratie-item of een verzameling configuratie-items, die voor gebruik beschikbaar is gesteld.

Releasemanagement in verschillende omgevingen

1. In een traditionele of watervalomgeving
2. In een Agile of DevOps-omgeving

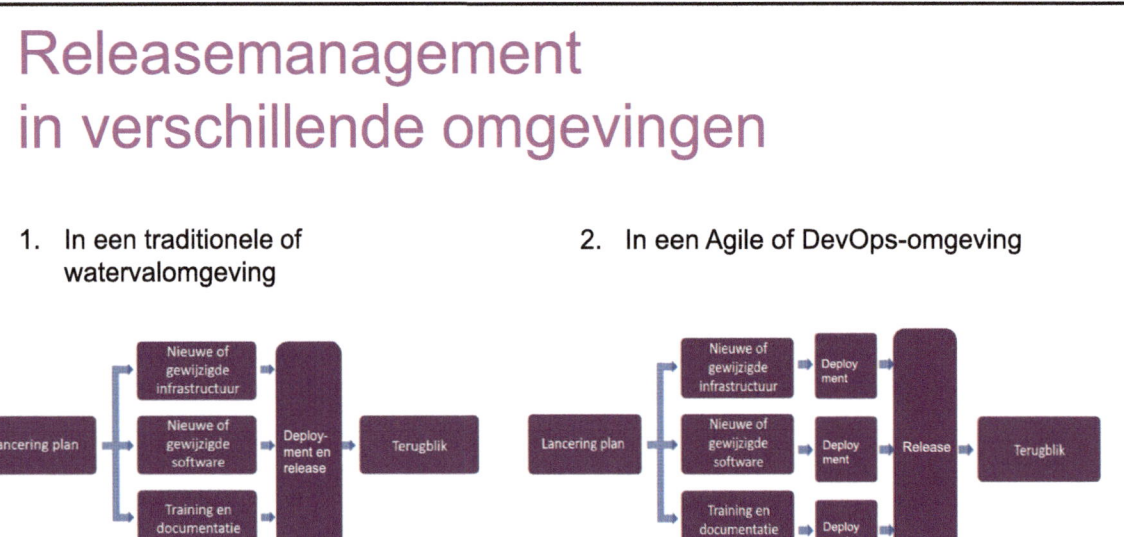

Service configuration management

Doel:

Zorgen voor nauwkeurige en betrouwbare informatie over de configuratie van services en de CI's die deze ondersteunen, beschikbaar wanneer en waar dit nodig is.

Dit omvat ook informatie over hoe CI's zijn geconfigureerd en de onderlinge relaties.

Definitie: Een **configuratie-item** is iedere component die moet worden gemanaged voor de oplevering van een IT-service.

Change enablement

Doel:
Het aantal succesvolle changes in services en producten maximaliseren door ervoor te zorgen dat risico's goed zijn beoordeeld, changes (wijzigingen) goedgekeurd en het wijzigingsplan gemanaged.

Definitie: Een **change** is de toevoeging, aanpassing of verwijdering van alles wat een direct of of indirect effect op services kan hebben.

Scope

De scope van change enablement wordt door elke organisatie apart gedefinieerd, maar richt zich meestal op producten en services.

Change enablement brengt evenwicht tussen de noodzaak om changes aan te brengen en de noodzaak klanten en gebruikers te beschermen tegen het nadelige effect van diezelfde changes.

Drie soorten changes

- ✓ Standaard changes
  - Vooraf geautoriseerde changes met een laag risico.
- ✓ Normale changes
  - Changes die het reguliere proces voor planning, beoordeling en goedkeuring volgen.
- ✓ Emergency changes
  - Changes die zo snel mogelijk moeten worden geïmplementeerd.

Change authority

- ✓ Alle changes zouden moeten worden beoordeeld door mensen die in staat zijn de risico's en verwachte voordelen te begrijpen; de changes moeten geautoriseerd zijn voor zij worden geïmplementeerd.
- ✓ De persoon of groep die een change autoriseert wordt aangeduid als 'change authority'.

Wijzigingsplan

Het wijzigingsplan wordt gebruikt om changes te plannen, communicatie te ondersteunen, conflicten te vermijden en middelen toe te wijzen.

Hij kan ook worden gebruikt nadat changes zijn geïmplementeerd om informatie te verschaffen aan andere practices.

 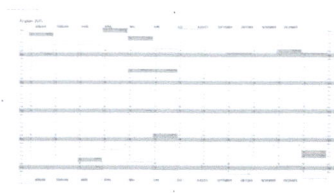

Incidentmanagement

Doel:

Het minimaliseren van de negatieve impact van incidenten door de normale servicelevering zo snel mogelijk te herstellen.

Definitie: Een **incident** is een ongeplande onderbreking van een service of een kwaliteitsvermindering van een service.

Incidentmanagement-proces

- ✓ Er zou een formeel belegd proces moeten zijn voor het vastleggen en managen van incidenten.
  - Dit proces behoeft gewoonlijk geen gedetailleerde procedures te bevatten voor het stellen van de diagnose, het doen van onderzoek, en het herstellen van incidenten, maar kan technieken voorstellen, zodat het doen van onderzoek en diagnosticeren efficiënter worden.

- ✓ Organisaties zouden hun incidentmanagement-practice zo moeten ontwerpen dat de benodigde middelen aan incidenttypes toegewezen kunnen worden.

Wie kan incidenten oplossen?

Incidenten kunnen gediagnosticeerd en opgelost worden door mensen in veel verschillende groepen, afhankelijk van de complexiteit van het issue of het type incident:

- ✓ Sommige incidenten kunnen door de gebruikers zelf worden opgelost, met behulp van zelfbediening.
- ✓ Sommige incidenten worden opgelost door de servicedesk.
- ✓ Incidenten worden geëscaleerd naar leveranciers of partners die support bieden voor de services of producten die ze leveren.
- ✓ In sommige extreme gevallen kunnen uitwijkplannen worden geïnitieerd.

IT-servicemanagementtool

✓ Informatie over incidenten zou moeten worden vastgelegd in incidentregistraties in een geschikte tool.

✓ Het is belangrijk dat mensen die aan een incident werken tijdig kwalitatieve updates verschaffen.

Impact op de bedrijfsvoering

Incidentmanagement kan een enorme impact hebben op klant- en gebruikerstevredenheid, en op de perceptie door klanten en gebruikers van de serviceprovider.

✓ Elk incident zou moeten worden vastgelegd en gemanaged om ervoor te zorgen dat het wordt verholpen op het moment dat de klant en gebruiker dat verwachten.

Problemmanagement

Doel:

Het verminderen van de waarschijnlijkheid en impact van incidenten door actuele en potentiële oorzaken van incidenten te identificeren, en workarounds en known errors te managen.

Definitie: Een **problem** is een oorzaak of mogelijke oorzaak van één of meer incidenten.

Definitie: Een **workaround** is een oplossing die de impact van een incident of problem, waarvoor nog geen volledige oplossing beschikbaar is, vermindert of elimineert.

Definitie: Een **known error** is een problem dat is geanalyseerd, maar nog niet is opgelost.

Problemen versus incidenten

Problemen zijn gerelateerd aan incidenten, maar moeten als aparte entiteiten worden beschouwd omdat ze op een andere manier gemanaged worden:

- ✓ Incidenten moeten worden opgelost zodat normale bedrijfsactiviteiten door kunnen gaan.
- ✓ Problemen zijn de oorzaken van incidenten.

De drie fases van problemmanagement

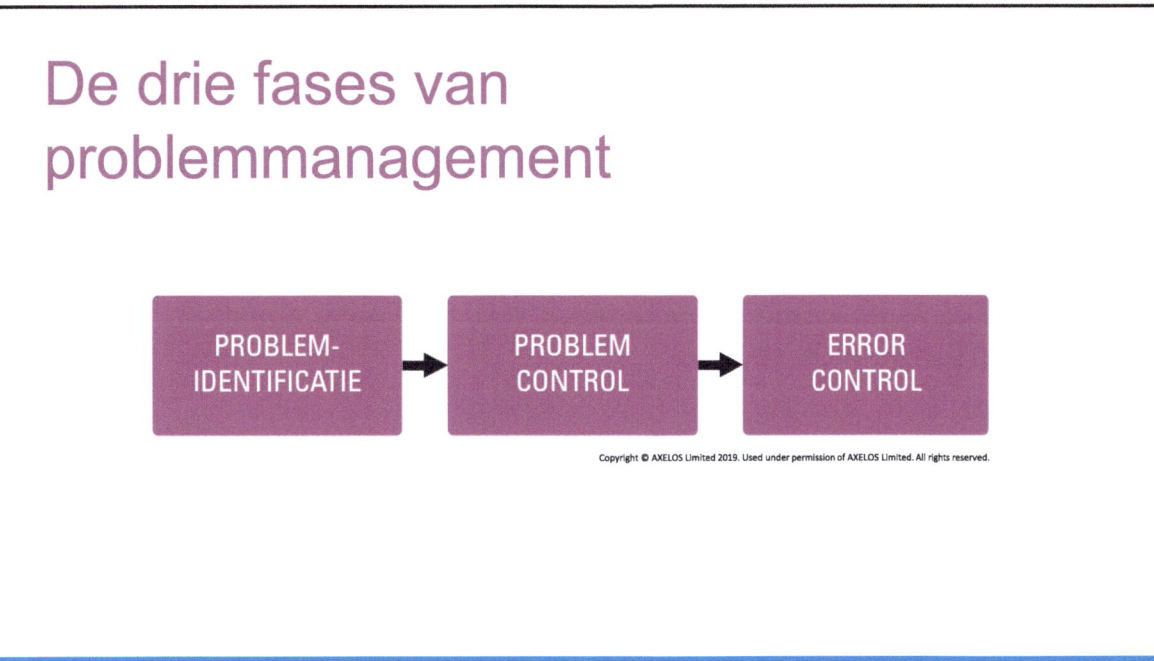

Problem-identificatie

Problem-identificatie bestaat onder andere uit:

- ✓ Trendanalyse van incidentrecords
- ✓ Onderzoek van terugkerende kwesties
- ✓ Identificeren van risico's op herhaling tijdens major-incidentmanagement
- ✓ Analyseren van informatie van leveranciers en partners
- ✓ Analyseren van informatie van interne softwareontwikkelaars, testteams en projectteams

Problem control

Problem control bestaat uit:

- ✓ Problem-analyse
  - Problems worden geprioriteerd voor analyse op basis van hun risico voor de services
- ✓ Documenteren van workarounds
- ✓ Documenteren van known errors

Workarounds

Als een problem niet snel opgelost kan worden, is het vaak nuttig om een workaround te vinden en te documenteren voor toekomstige incidenten op basis van het begrip van een problem.

Een effectieve workaround voor een incident kan een permanente manier worden om sommige problems aan te pakken wanneer het oplossen van het problem niet realistisch of kosteneffectief is.

Error control

Error control activiteiten omvatten:

- ✓ Managen van known errors (problems waarvan de initiële analyse is gedaan)
  - Het betekent meestal dat de falende component is geïdentificeerd.
- ✓ Identificatie van mogelijke permanente oplossingen die zouden kunnen resulteren in een change request voor implementatie van een oplossing
  - Maar alleen als dit kan worden gerechtvaardigd in termen van kosten, risico's en baten.
- ✓ Geregeld herbeoordelen van de status van known errors die niet zijn opgelost, waaronder de impact op klanten, de beschikbaarheid en kosten van permanente oplossingen, en de effectiviteit van workarounds.

Interface met andere practices

Voorbeelden van interfaces tussen problemmanagement, risicomanagement, change enablement, kennismanagement, en continual improvement zijn:

- ✓ Problemmanagementactiviteiten kunnen als specifiek geval van risicomanagement worden georganiseerd
- ✓ Invoeren van de problem-oplossing valt vaak niet in het bereik van problemmanagement
- ✓ Output van de problemmanagementpractice omvat informatie en documentatie betreffende workarounds en known errors
- ✓ Problemmanagementactiviteiten kunnen verbeterkansen identificeren voor alle vier de dimensies

Servicedesk

Doel

De vraag naar incidentoplossing en servicerequests opvangen.

De servicedesk is het communicatiepunt en het 'single point of contact' tussen de serviceprovider en al zijn gebruikers

Waarde van de servicedesk

- ✓ De servicedesk biedt een duidelijk pad voor gebruikers om issues, vragen en verzoeken te melden. Deze worden dan erkend en geclassificeerd. Het eigenaarschap wordt genomen en acties uitgezet.
- ✓ Met de toegenomen automatisering en het geleidelijk verdwijnen van technische schuld (technical debt), verschuift de focus van de servicedesk van technische zaken naar het leveren van ondersteuning aan 'mensen en bedrijf'.
- ✓ Hoe efficiënt de servicedesk en zijn mensen ook zijn, er zullen altijd issues zijn die geëscaleerd moeten worden en die ondersteuning van andere teams vereisen.

Servicedesk toegangskanalen

Servicedesks bieden een verscheidenheid aan toegangskanalen:
- ✓ Telefonie
- ✓ Serviceportalen
- ✓ Chat
- ✓ E-mail
- ✓ Inloop servicedesks
- ✓ Sociale media
- ✓ Discussieforums

Servicedesk-structuren

De servicedesk heeft deze verschijningsvormen:
- ✓ **Gecentraliseerd** – een vast team, werkend op één locatie
- ✓ **Virtueel** – medewerkers zitten op verschillende locaties, geografisch verspreid.

Een virtuele servicedesk vereist verfijndere ondersteunende technologie, met complexere routing en escalatiemogelijkheden.

De servicedesk moet een empathische en geïnformeerde link zijn tussen de serviceprovider en gebruikers.

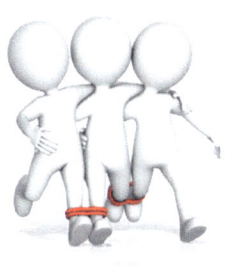

Servicedesk-personeel

Servicedesk-medewerkers moeten getraind en competent zijn in een aantal algemene, technische en business skills. In het bijzonder:
- ✓ Excellente klantenserviceskills zoals empathie
- ✓ Incidentanalyse en prioritering
- ✓ Effectieve communicatie
- ✓ Emotionele intelligentie

Service level management (SLM)

Doel:
Duidelijke, businessgebaseerde doelen voor de serviceprestatie vaststellen, zodat de levering van een service goed kan worden beoordeeld, gemonitord en gemanaged met deze doelen.

Definitie: Een **Service level agreement (SLA)** is een vastgelegde overeenkomst tussen een serviceprovider en een klant, waarin zowel de vereiste services als het verwachte serviceniveau worden bepaald.

Service level management-activiteiten

- ✓ Deze practice omvat het definiëren, documenteren en actief managen van servicelevels.
- ✓ Service level management biedt end-to-end inzicht in de services van de organisatie.
- ✓ Om dit te realiseren zal service level management:
  - Een gedeeld beeld van de services en beoogde servicelevels bij klanten nastreven
  - Relevante metrics voor de geïdentificeerde services opstellen
  - Ervoor zorgen dat de organisatie de vastgestelde servicelevels haalt door verzameling, analyse, opslag en rapportage van informatie.

Skillset benodigd voor SLM

De skills en competenties voor service level management omvatten:
- ✓ Relationship management
- ✓ Contactuele vaardigheden (business liaison)
- ✓ Bedrijfsanalyse
- ✓ Commercieel of leveranciersmanagement

De practice vereist een pragmatische focus op de gehele service en niet alleen op de onderdelen.

Informatiebronnen

Service level management omvat het samenstellen en analyseren van informatie van een aantal bronnen, door:
- ✓ Klantcontact te onderhouden
- ✓ Klantfeedback te vergaren
- ✓ Operationele metrics toe te passen
- ✓ Bedrijfsmatige metrics toe te passen

Belangrijke vereisten voor SLA's

- ✓ Ze moeten gerelateerd zijn aan een in de servicecatalogus gedefinieerde 'service'.
- ✓ Ze zouden moeten worden gerelateerd aan gedefinieerde uitkomsten en niet aan operationele metrics.
- ✓ Ze zouden een weergave moeten zijn van een 'overeenkomst', van contact en discussie tussen de serviceprovider en de serviceconsument.
- ✓ Ze moeten eenvoudig geschreven zijn en makkelijk te begrijpen en gebruikt kunnen worden door alle partijen.
- ✓ Ze zouden niet uit moeten gaan van metrics afkomstig uit enkele systemen.

Service request management

Doel:
De overeengekomen kwaliteit van een service ondersteunen door alle vooraf gedefinieerde, door de gebruiker geïnitieerde servicerequests op een effectieve en gebruikersvriendelijke manier af te handelen.

Definitie: Een **servicerequest** is een verzoek van een gebruiker of een door de gebruiker gemachtigde vertegenwoordiger dat leidt tot een service action conform de overeenkomst, onderdeel is van de gewoonlijke servicelevering.

Verschillende soorten servicerequests

Elke servicerequest kan één or meer van het volgende omvatten:
- ✓ Een verzoek voor een serviceleveringsactie
- ✓ Een verzoek om informatie
- ✓ Een verzoek om verstrekking van of toegang tot een middel of service
- ✓ Feedback, complimenten en klachten

Servicerequests afhandelen

- ✓ Het afhandelen van servicerequests kan changes aan services of componenten ervan omvatten; meestal zijn dit standaard changes.
- ✓ Servicerequests zijn een normaal onderdeel van de servicelevering en zijn geen verstoring of verslechtering van de service, die als incidenten worden behandeld.
- ✓ Servicerequests zouden vooraf moeten zijn vastgesteld en afgesproken.
- ✓ De stappen voor het afhandelen van de request zouden algemeen bekend en bewezen moeten zijn, zodat de serviceprovider afhandeltijden kan inregelen en duidelijke communicatie aan de gebruikers kan verschaffen.

Servicerequests autoriseren

Sommige servicerequests vereisen autorisatie volgens financieel, informatiebeveiligings- of ander beleid.

Voor succesvolle afhandeling moet service request management deze richtlijnen volgen:

- ✓ Afhandeling van servicerequests zou zo veel mogelijk gestandaardiseerd en geautomatiseerd moeten worden.
- ✓ De verwachtingen van gebruikers met betrekking tot de afhandeltijden zouden duidelijk bepaald moeten worden op basis van wat de organisatie kan leveren.
- ✓ Mogelijkheden voor verbetering zouden moeten worden geïdentificeerd en geïmplementeerd om snellere afhandeling mogelijk te maken en te kunnen automatiseren.

Samenvatting

We hebben het gehad over:

✓ De servicemanagement-practices die zijn ontwikkeld in servicemanagement en het ITSM-werkveld.
✓ De ITIL-servicemanagement-practices zijn:

- Business analysis
- Availability management
- Capacity and performance management
- **Change enablement**
- **Incidentmanagement**
- IT-asset management
- Monitoring en eventmanagement
- **Problemmanagement**
- Releasemanagement
- Service catalogue management
- Service configuration management
- Service continuity management
- **Servicedesk**
- **Service level management**
- Service design
- **Service request management**
- Service validation and testing

✓ Alle practices zijn belangrijk voor de succesvolle levering van services
✓ De practices in **vet** zijn in meer detail beschreven en vereisen een uitgebreider begrip.

Welke twee behoeftes moet 'change enablement' BALANCEREN?

1. De noodzaak tot beoordelen van risico en verwachte baten
2. De noodzaak tot managen van het wijzigingsplan
3. De noodzaak waardevolle changes aan te brengen
4. De noodzaak tot het beschermen van klanten en gebruikers

A. 1 en 2
B. 2 en 3
C. 3 en 4
D. 1 en 4

Hoe helpt categorisering van incidenten incidentmanagement?

A. Het helpt om het incident naar het juiste supportgebied te brengen.

B. Het bepaalt de prioriteit toegewezen aan het incident.

C. Het zorgt ervoor dat incidenten worden opgelost binnen de met de klant overeengekomen tijd.

D. Het bepaalt hoe de serviceprovider wordt waargenomen.

Welk aspect is gewoonlijk GEEN onderdeel van 'incidentmanagement'?

A. Scripts voor het verzamelen van initiële informatie over incidenten

B. Geformaliseerde processen voor het loggen van incidenten

C. Gedetailleerde procedures voor de diagnose van incidenten

D. Gebruik van gespecialiseerde kennis voor gecompliceerde incidenten

Wat zou moeten worden opgenomen in elk Service level agreement?

A. Details van de systeemgerelateerde metrics die worden gebruikt

B. Een technische beschrijving van de servicecomponenten

C. Duidelijk gedefinieerde uitkomsten van de service

D. Juridisch jargon

Trainingsagenda

✓ Dag 1: Belangrijkste servicemanagement-concepten
  ✓ Waardecreatie, uitkomsten, kosten en risico's
  ✓ Services en servicerelaties
  ✓ De vier dimensies
  ✓ Het ITIL-service value system
  ✓ De activiteiten van de servicewaardeketen
  ✓ De aard en het gebruik van de richtinggevende principes

✓ Dag 2: Geselecteerde ITIL-practices en belangrijkste termen
  ✓ Servicemanagement-practices
  • Algemene practices
  • Technische practices

ALGEMENE EN TECHNISCHE MANAGEMENT-PRACTICES

Kennen en begrijpen van de ITIL managementpractices

ITIL managementpractices

Algemene managementpractices	Servicemanagement-practices	Technische managementpractices
Architectuurmanagement	Bedrijfsanalyse	Infrastructuur- en platformmanagement
Financieel management van services	Beschikbaarheidsmanagement	Softwareontwikkeling en – management
Information security management	Capaciteits- en prestatiemanagement	Deployment management
Kennismanagement	**Change enablement**	
Meting en rapportage	**Incident management**	
Organisatieverandermanagement	IT-asset-management	
Personeels- en talentmanagement	Monitoring and event management	
Portfoliomanagement	**Problem management**	
Projectmanagement	Release management	
Relationship management	Servicecatalogusmanagement	
Risicomanagement	Service configuration management	
Strategiemanagement	Servicecontinuïteitmanagement	
Supplier management	**Servicedesk**	
Continual improvement	**Service level management**	
	Serviceontwerp	
	Service request management	
	Servicevalidatie en testen	

Copyright © AXELOS Limited 2019. Used under permission of AXELOS Limited. All rights reserved.

Information security management

Doel:
De informatie beschermen die de organisatie nodig heeft om haar activiteiten uit te voeren.

Dit omvat het begrijpen en het managen van de risico's die te maken hebben met de **vertrouwelijkheid**, **integriteit** en **beschikbaarheid** van informatie.

Relationship management

Doel:
De relaties tussen een organisatie en haar stakeholders op strategisch en tactisch niveau opbouwen en onderhouden.

Dit omvat de identificatie, analyse, monitoring en voortdurende verbetering van relaties met en tussen stakeholders.

Leveranciersmanagement

Doel:

Ervoor zorgen dat de leveranciers van de organisatie en hun niveaus op de juiste manier worden gemanaged ter ondersteuning van de levering producten en services van naadloze kwaliteit.

Continual Improvement

Doel:

De practices en services van de organisatie af te stemmen op de veranderende bedrijfsbehoeftes, door het voortdurende aanwijzen en verbeteren van alle elementen die betrokken zijn bij het effectief managen van producten en services.

Hoofdactiviteiten

Hoofdactiviteiten van continual improvement zijn onder andere:
- ✓ Aanmoediging van continual improvement in de hele organisatie
- ✓ Zorgen voor tijd en budget voor continual improvement
- ✓ Aanwijzen en vastleggen van mogelijkheden voor verbetering
- ✓ Beoordelen en prioriteren van verbetermogelijkheden
- ✓ Opstellen van businesscases voor verbeteracties
- ✓ Planning en invoering van verbeteringen
- ✓ Meting en evaluatie van verbeterresultaten
- ✓ Coördineren van verbeteractiviteiten in de hele organisatie

Het model voor Continual Improvement

WAT IS DE VISIE?	Bedrijfsvisie, missie, doelen en doelstellingen
WAAR STAAN WE NU?	Stel de startsituatie vast
WAAR WILLEN WE HEEN?	Definieer meetbare doelen
HOE KOMEN WE DAAR?	Stel het verbeterplan op
NEEM ACTIE	Voer verbeteracties uit
ZIJN WE ER GEKOMEN?	Evalueer metrieken en KPI's
HOE HOUDEN WE HET MOMENTUM GAANDE?	

Copyright © AXELOS Limited 2019. Used under permission of AXELOS Limited. All rights reserved.

Technieken en benaderingen

Voor het beoordelen van de huidige staat kunnen veel technieken worden ingezet, zoals een SWOT-analyse, balanced scorecard, interne en externe assessments en audits, enzovoort.

Andere benaderingen:
- ✓ Lean
- ✓ Agile
- ✓ DevOps

Focus en moedig innovatie aan

Organisaties zouden niet moeten proberen om formeel te veel verschillende benaderingen te gebruiken, maar een aantal passende methodes moeten selecteren en cultiveren.

Op deze manier zullen teams een gedeeld begrip krijgen van hoe samen te werken aan verbeteringen.

Zo zal een grotere hoeveelheid veranderingen in een sneller tempo mogelijk worden gemaakt.

Verantwoordelijkheden

Personeelsleden zouden training en andere ondersteuning moeten krijgen zodat ze zich kunnen voorbereiden op het bijdragen aan continual improvement.

Er zou minimaal een klein team toegewijd moeten zijn aan het leiden van continual improvement en pleiten voor deze practice in de gehele organisatie.

Ieders verantwoordelijkheid!

Voortdurende verbetering samen met derden

Externe leveranciers zouden ook deel van de verbeteringsinspanning moeten zijn.

Nauwkeurige gegevens zijn de basis van een op feiten gebaseerde besluitvorming voor verbetering.

Verbeteringenregister (continual improvement register - CIR)

Om verbetervoorstellen te kunnen volgen en managen van identificatie tot en met definitieve actie, gebruiken organisaties een database of gestructureerd document dat kan worden aangeduid als het 'verbeteringenregister'.

Bijdragen aan andere practices

De practice 'continual improvement' is een integraal onderdeel van ontwikkeling en onderhoud van elke andere practice en van de hele levenscyclus van alle services.

Sommige practices hebben een specifieke bijdrage, te weten:

- ✓ Problemmanagement legt issues bloot die zullen worden gemanaged door continual improvement.
- ✓ De changes geïnitieerd door continual improvement kunnen mislukken zonder de kritieke bijdrage van organisatieverandermanagement.
- ✓ Veel verbeterinitiatieven zullen projectmanagement-practices nodig hebben om de uitvoering te organiseren en managen.

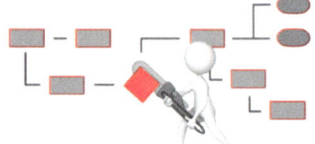

Deploymentmanagement

Doel:

Het verplaatsen van nieuwe of gewijzigde hardware, software, documentatie, processen of andere componenten naar productieomgevingen, of naar omgevingen voor testen of staging.

Samenvatting

We hebben het gehad over:

✓ De algemene en technische management-practices. Deze zijn geadopteerd uit bedrijfskundige en technologische managementdomeinen, en aangepast aan servicemanagement-doelen door ze uit te breiden of hun focus te veranderen van algemene bedrijfs- en technologie-oplossingen naar IT-services.

✓ De ITIL algemene management-practices zijn:
  - Architectuurmanagement
  - Financieel management van services
  - Information security management
  - Kennismanagement
  - Meting en rapportage
  - Organisatieverandermanagement
  - Personeels- en talentmanagement
  - Portfoliomanagement
  - Projectmanagement
  - Relationship management
  - Risicomanagement
  - Strategiemanagement
  - Toeleveranciersmanagement
  - **Continual Improvement**

✓ De ITIL technische management-practices zijn:
  - Infrastructuur- en platformmanagement
  - Softwareontwikkeling en -management
  - Deploymentmanagement

✓ Alle practices zijn belangrijk voor de succesvolle levering van services.
✓ De practice in **vet** is in meer detail beschreven en vereist een uitgebreider begrip.

Hoe zou een organisatie methodes van 'continual improvement' moeten toepassen?

A. Een nieuwe methode gebruiken voor elke verbetering.

B. Een aantal belangrijke methodes selecteren om de verschillende types van verbeteren die de organisatie behandelt weer te geven.

C. Bouwen aan het vermogen om zo veel mogelijk verbetermethodes te gebruiken.

D. Eén enkele methode voor alle verbeteringen selecteren.

Welke practice is verantwoordelijk voor het overzetten van componenten naar productieomgevingen?

A. Change enablement

B. Releasemanagement

C. IT-asset management

D. Deploymentmanagement

Wat is het doel van 'leveranciersmanagement'?

A. Ervoor zorgen dat de leveranciers van de organisatie en hun prestaties op de juiste wijze worden gemanaged om naadloze levering van kwaliteitsproducten en -services te ondersteunen.

B. De practices en services van de organisatie in lijn brengen met de veranderende bedrijfsbehoeftes door de voortdurende identificatie en verbetering van services.

C. Ervoor zorgen dat de leveranciers van de organisatie en hun prestaties op de juiste manier worden gemanaged op strategisch en tactisch niveau door gecoördineerde marketing-, verkoop- en lever-activiteiten.

D. Ervoor zorgen dat nauwkeurige en betrouwbare informatie over de configuratie van de services van leveranciers beschikbaar is wanneer en waar dit is vereist.

Welke practice is de verantwoordelijkheid van iedereen in de organisatie?

A. Service level management

B. Change enablement

C. Problemmanagement

D. Continual Improvement

Certificeringsschema

Het ITIL 4 certificeringsschema heeft twee hoofdstromen voor de trainingen en drie niveaus:

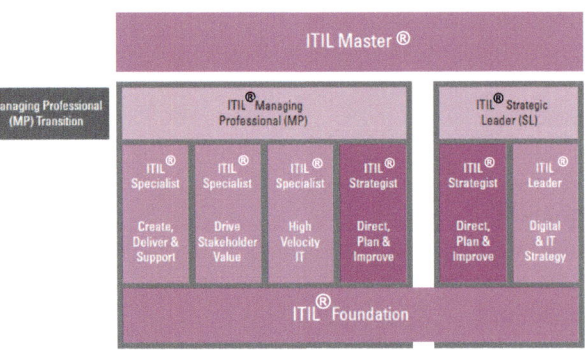

Examenvoorbereiding

Het ITIL 4 Foundation examen in het kort:
- ✓ Veertig meerkeuzevragen
- ✓ Elke vraag is één punt waard; er zijn veertig punten te behalen
- ✓ Er worden geen punten afgetrokken voor foute antwoorden
- ✓ Kandidaten slagen als ze 65% of hoger scoren – 26 punten of meer
- ✓ Examenduur is 60 minuten (75 minuten als men het examen in een andere taal dan de moeder- of werktaal aflegt)
- ✓ Het is een geslotenboekexamen; geen materialen anders dan de examenmaterialen mogen bij de hand worden gehouden

Succes met het examen!

Dank u!

ITIL® 4 Foundation opdrachten

De volgende opdrachten kunnen individueel, in tweetallen of in teams worden uitgevoerd.

1. Belangrijkste concepten van servicemanagement

1.1 Waarde

Geef voorbeelden van waarde

- Wat is de waarde? _____

- Wie zijn de stakeholders? _____

- Hoe wordt waarde gefaciliteerd d.m.v. services? _____

  _____

  _____

1.2 Organisatie

Beschrijf een "organisatie" in jouw eigen bedrijf

- Welke mensen zijn een onderdeel van de organisatie? _____

- Wat zijn hun verantwoordelijkheden? _____

- Wat zijn hun bevoegdheden/mandaat? _____

- Wat is de doelstelling van de organisatie (kort)? _____

  _____

  _____

1.3 Stakeholders/consumenten

Geef voorbeelden van de volgende stakeholders uit jouw eigen organisatie

- Klant _____

- Gebruiker _____

- Sponsor _____

- Andere stakeholdertypes _____

1.4 Cocreatie

Geef voorbeelden van levering en consumptie van services uit jouw eigen organisatie:

- Welke activiteiten voert de serviceprovider uit?

  _____

  _____

- Welke activiteiten voert de serviceconsument uit?

  _____

  _____

- Welke activiteiten worden gezamenlijk uitgevoerd – of KUNNEN gezamenlijk uitgevoerd worden?

  _____

  _____

1.5 Servicerelaties

Beschrijf de servicerelatie met serviceaanbieding, goederen, toegang tot middelen en serviceacties. Gebruik de template hieronder of teken deze op papier/flipover.

Als er tijd over is, benoem dan ook producten en middelen.

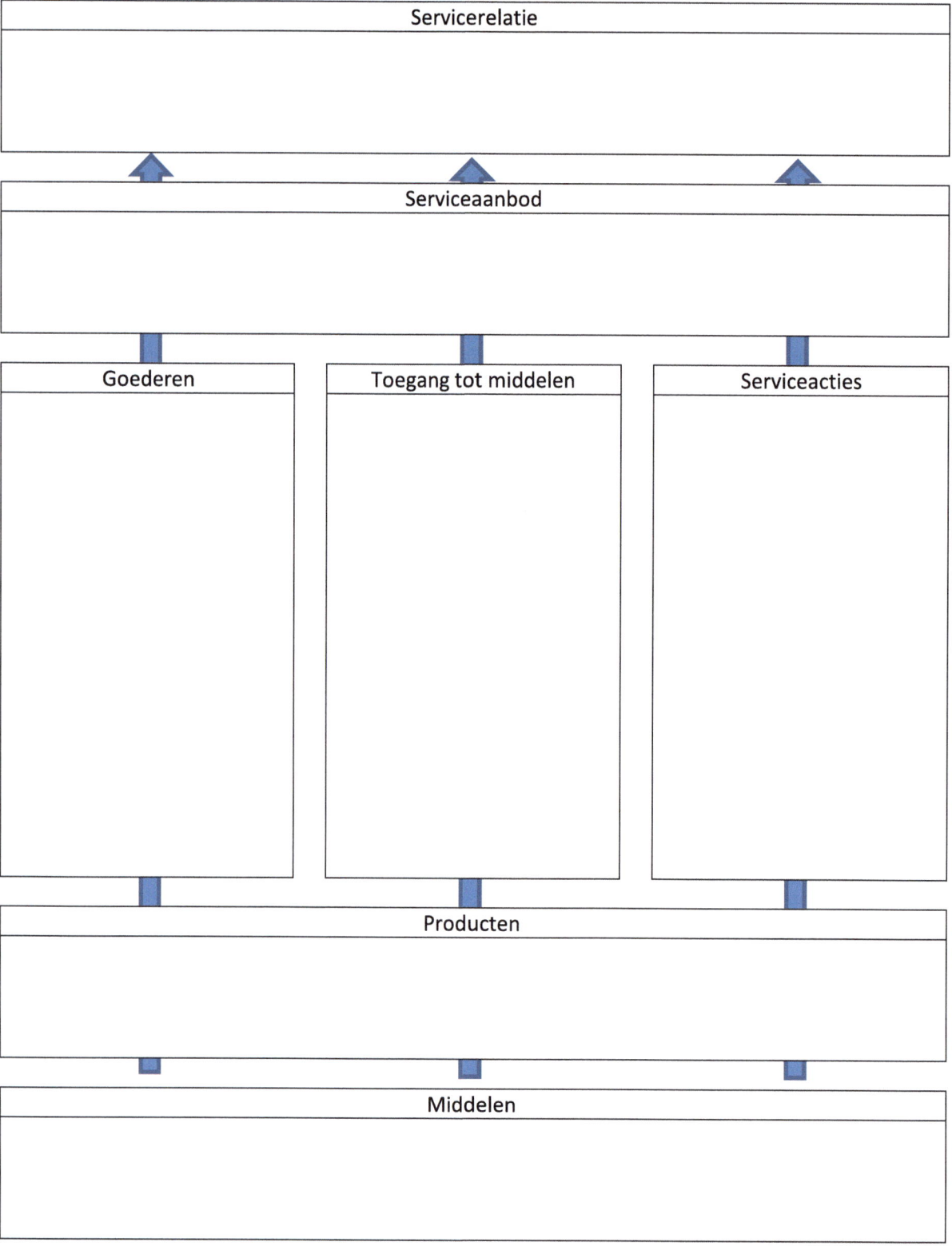

1.6 Output/Uitkomst

Geef een voorbeeld van output uit jouw eigen organisatie. Beschrijf hoe deze output een eindresultaat faciliteert.

- Output: _____

- Uitkomst: _____

1.7 Kosten en risico's

Beschrijf kosten en risico's in jouw eigen organisatie

- Kosten: _____

- Risico's: _____

1.8 Utility en warranty

Gebruik de servicerelatie uit 1.5, beschrijf:

- De utility van de serviceaanbieding: _____

- De warranty van de serviceaanbieding: _____

- Eén voorbeeld waar de utility en/of warranty van de servicerelatie niet overeenkomt met de beloften van de serviceaanbieding – of de verwachtingen van de consument:

    _____

2. Belangrijke concepten uit ITIL

2.1 Organisaties & mensen

Geef voorbeelden van conflicten tussen:

- "Communicatie en samenwerking" en "neerhalen van silo's": _____

  _____

- "Updaten skills en competenties" en "Algemene kennis en diepere specialisatie": ____

  _____

2.2 Informatie & technologie

Beschouw een technische oplossing uit jouw eigen organisatie. Evalueer de oplossing op basis van de "checklist" hieronder.

Technische oplossing:			
	Is het compatible met de huidige architectuur?		Heeft de organisatie de skills om het te ondersteunen en onderhouden?
	Zijn er enige issues met wet- en regelgeving, compliance of informatiebeveiliging?		Heeft het voldoende automatiseringsmogelijkheden voor ontwikkeling, uitrol en dagelijks beheer?
	Is het haalbaar in de directe toekomst?		Heeft het additionele opties die kunnen worden gebruikt voor andere producten of services?
	Kan het in lijn worden gebracht met de strategie van de serviceleverancier of serviceconsument?		Introduceert het nieuwe risico's of berperkingen in de organisatie?

2.3 Partners & leveranciers

Noem partners van jouw eigen organisatie in welke de relatie gekarakteriseerd wordt door:

- Servicepartnership (samenwerken en delen van doelen en risico's): _____

  _____

- Leverancier van goederen en services (formele contracten, heldere scheiding van verantwoordelijkheden): ___

  _____

2.4 Waardestromen & processen

Beschrijf een proces uit jouw eigen organisatie:

- Input:_____

- Output:_____

- Waarde gecreëerd door deze output:_____

- Activiteiten die input omzetten in output:

_____

_____

_____

_____

2.5 Silo's

Beschrijf een voorbeeld van silo's in jouw eigen organisatie: _____

2.6 Waardeketen-activiteiten

Vul de lege plekken met de correcte waardeketen-activiteiten

Planning op alle niveaus wordt uitgevoerd door_____

Alle interacties met externe partijen worden uitgevoerd door _____

Verbeteringen worden geïnitieerd en gemanaged door _____

Alle nieuwe middelen worden verkregen door _____

Creatie, modificatie, levering, onderhoud en ondersteuning van componenten, producten en services wordt uitgevoerd op een geïntegreerde en gecoördineerde wijze tussen

_____,

_____ en

_____

2.7 ITIL richtinggevende nprincipes

Match ieder richtinggevende principe met de correcte toepassing van het principe

Richtinggevend principe	Toepassing
Concentreer op waarde	Vereenvoudig en/of optimaliseer voor je automatiseert
Begin waar je bent	Beslissingen kunnen alleen worden gebaseerd op zichtbare data
Maak iteratieve voortgang met feedback	Weet hoe consumenten de services gebruiken
Werk samen en maak het zichtbaar	Samenwerken is belangrijk voor holistisch denken en werken
Denk en werk holistisch	Het ecosysteem is constant in verandering, dus feedback is essentieel
Houd het eenvoudig en praktisch	Kijk zo objectief mogelijk wat er is
Optimaliseer en automatiseer	Makkelijker te begrijpen betekent waarschijnlijker geadopteerd

3. ITIL-practices

3.1 Voortdurend verbetermodel

Match de elementen in het voortdurend verbetermodel met elkaar

Wat is de visie?		Bepaal het verbeterplan
Waar staan we nu?		Nulmeting uitvoeren
Waar willen we heen?		
Hoe komen we daar?		Definieer meetbare doelen
Neem actie		Evalueer metrieken en KPIs
Zijn we er gekomen?		Voer verbeteracties uit
Hoe houden we het momentum?		Bedrijfsvisie, misie, doelen en doelstellingen

3.2 Servicemanagement-practices

Beschrijf een situatie, waar een gebruiker last heeft van een onbeschikbare service.

_____

_____

3.3 Capaciteits- en prestatiemanagement

Beschrijf een situatie, waar een gebruiker last heeft van een slecht presterende service (performance).

_____

_____

3.4 Change enablement

Wat karakteriseert:

- Standaardchanges: _____

- Normale changes: _____

- Emergency changes: _____

3.5 Incidentmanagement

Geef voorbeelden uit jouw eigen organisatie van het omgaan met incidenten:

- Registratie: _____

- Behalen van overeengekomen oplostijden: _____

- Prioriteren: _____

3.6 IT-assetmanagement

Beschrijf het plannen en managen van de levenscyclus van één IT-asset in jouw eigen organisatie.

_____,

_____

3.7 Monitoring en eventmanagement

Leg uit hoe je omgaat met events in jouw eigen organisatie.

_____,

_____

3.8 Problemmanagement

Wat is vastgelegd in een Known Error Database? Markeer de correcte antwoorden met een X.

	Problems
	Incidenten
	Problemanalyse
	Events

	Changes
	Known errors
	Beschikbaarheid
	Workarounds

Van Haren Publishing®

3.9 Serviceconfiguratiemanagement

Beschrijf hoe serviceconfiguratiemanagement met IT-assetmanagement integreert.

_____

_____

_____

3.10 Servicecontinuiteitsmanagement

Beschrijf hoe jouw organisatie ervoor zorgt dat de beschikbaarheid en prestaties van een service in het geval van een calamiteit wordt onderhouden op een voldoende niveau.

_____

_____

3.11 Servicedesk

Geef voorbeelden van servicedesk-toegangskanalen en -technologie/tools in jouw eigen organisatie.

Toegangskanalen	Technologie/tools

3.12 Servicelevelmanagement

Welke partijen komen een SLA (service level agreement) overeen?

_____ en _____

3.13 Servicerequestmanagement

Markeer met een X de teksten die servicerequestmanagement-best practice beschrijven:

	Standaardiseren en automatiseren		Veel autorisatieniveaus hebben
	Verwachtingen bepalen		Eén proces voor fouten/requests hebben
	Verbeteringen identificeren		Als mogelijk, requests handmatig vervullen
	Autorisaties beperken		Autorisaties moeilijk maken

3.14 Practice-termen

De table hieronder is een lijst van practices en beschrijvingen van definities van deze practices. Geef de bijbehorende term in de lege kolom.

#	Practice	Term	Definition description
1	Beschikbaarheids-management		Het vermogen van een IT-service of ander configuratie-item om de overeengekomen functie uit te voeren wanneer dat nodig is
2	Capaciteits en prestatie-management		Een maatstaf voor wat wordt bereikt of geleverd door een systeem, persoon, team, practice of service
3	Capaciteits en prestatie-management		Het aantal serviceacties uitgevoerd in een tijdseenheid, en de tijd benodigd voor het uitvoeren van een serviceactie op een bepaald gevraagd niveau
4	Capaciteits en prestatie-management		De maximum doorvoer die een configuratie-item of service kan leveren
5	Change enablement		Het toevoegen, aanpassen of verwijderen van iets dat een direct of indirect effect op services kan hebben
6	Change enablement		Vooraf geautoriseerd Implementeren zonder verdere autorisatie
7	Change enablement		Autorisatie op basis van change-type
8	Change enablement		Versnelde beoordeling en autorisatie Kan een aparte change-autoriteit vereisen
9	Change enablement		De persoon of groep die een change autoriseert
10	Change enablement		Wordt gebruikt om changes te helpen plannen, te assisteren bij communicatie, conflict te voorkomen en middelen toe te wijzen
11	Incident-management		Een ongeplande onderbreking van een service of vermindering in de kwaliteit van een service
12	IT-assetmanagement		Ieder waardevol component dat kan bijdragen aan de levering van een IT-product of -service
13	Monitoring en eventmanagement		Elke statuswijziging die van belang is voor het managen van een service of een ander configuratie-item (CI)
14	Problem-management		De (mogelijke) oorzaak van één of meer incidenten
15	Problem-management		Een problem die is geanalyseerd, maar nog niet is opgelost
16	Problem-management		Een oplossing die de impact vermindert of elimineert van een incident of problem waarvoor nog geen volledige oplossing beschikbaar is
17	Serviceconfiguratie-management		Elke component die moet worden gemanaged om een IT-service te kunnen leveren
18	Servicecontinuiteits-management		Een plotselinge ongeplande situatie die grote schade of ernstig verlies aan een organisatie, veroorzaakt
19	Servicelevel-management		Een gedocumenteerde overeenkomst tussen een serviceleverancier en een klant, die zowel de vereiste services als het verwachte servicelevel identificeert
20	Servicerequest-management		Een verzoek van een gebruiker of een door de gebruiker gemachtigde vertegenwoordiger, die een serviceactie initiëert die als normaal onderdeel van de servicelevering is overeengekomen

3.15 Doelen van practices

De tabel hieronder geeft een lijst van doelen voor verschillende practices weer. Zet de correcte naam van de practice in de lege kolom.

#	Practice (name)	Purpose
1		De practices en services van de organisatie in lijn te brengen met de veranderende bedrijfsbehoeften, door voortdurende identificatie en verbetering van services, servicecomponenten, practices of elk ander element dat is betrokken bij het efficiënt en effectief managen van producten en services.
2		De informatie te beschermen die de organisatie nodig heeft om haar activiteiten uit te voeren.
3		De verbanden te leggen tussen de organisatie en zijn stakeholders op strategisch en tactisch niveau vast te stellen en te koesteren.
4		Ervoor te zorgen dat de leveranciers van de organisatie en hun prestaties op de juiste manier worden gemanaged.
5		Ervoor te zorgen dat services overeengekomen niveaus van beschikbaarheid leveren om aan de behoeften van klanten en gebruikers te voldoen.
6		Ervoor te zorgen dat services overeengekomen en verwachte prestaties bereiken en op een kosteneffectieve manier voldoen aan de huidige en toekomstige vraag.
7		Het aantal succesvolle service- en productaanpassingen te maximaliseren door ervoor te zorgen dat risico's goed zijn beoordeeld, changes (wijzigingen) te autoriseren en de change-kalender te managen.
8		Het minimaliseren van de negatieve impact van incidenten door de normale werking van de service zo snel mogelijk te herstellen.
9		De volledige levenscyclus van alle IT-assets te plannen en managen.
10		Systematisch services en servicecomponenten te observeren en bepaalde statuswijzigingen die als events zijn gedefinieerd vast te leggen en te rapporteren.
11		Het verminderen van de waarschijnlijkheid en impact van incidenten door actuele en potentiële oorzaken van incidenten te identificeren en workarounds en known errors te managen.
12		Nieuwe en gewijzigde services en functies beschikbaar maken voor gebruik.
13		Zorgen voor nauwkeurige en betrouwbare informatie over de configuratie van services en de CI's die deze ondersteunen, beschikbaar is wanneer en waar dit nodig is.
14		Ervoor te zorgen dat de beschikbaarheid en prestatie van de service op een voldoende niveau worden gehouden in het geval van een ramp.
15		De vraag naar incidentherstel en service requests vast te leggen. Het moet voor alle gebruikers het toegangspunt en het enige contactpunt zijn voor de serviceleverancier.
16		Duidelijke, businessgerelateerde doelen voor de serviceprestatie vaststellen, zodat de levering van een service

			naar behoren tegen deze doelen kan worden beoordeeld, bewaakt, en gemanaged.
17			De overeengekomen kwaliteit van een service te ondersteunen door alle vooraf gedefinieerde, door de gebruiker geïnitieerde service requests op een effectieve en gebruikersvriendelijke manier af te handelen.
18			Het verplaatsen van nieuwe of gewijzigde hardware, software, documentatie, processen, of andere componenten naar productieomgevingen of naar omgevingen voor testen of preproductie.

4. Casus – waardestromen en processen

Gebruik de tabel hieronder als voorbeeld om een eenvoudige waardestroom uit jouw eigen organisatie te maken.

Waardeketen-activiteit	Practice	Rollen	Activiteiten
Vraag		Admin assistent	Een admin assistent in een kantoor kan geen afspraak in de agenda zetten als gevolg van een bug in de agenda-applicatie die het gebruik van een niet-standaard karakter niet toestaat voor de naam van een zaal.
Engage	Servicedesk, Incidentmanagement	Admin assistent, Servicedesk mw.	De admin assistent belt de servicedesk en omschrijft het geval. De verwachte oplostijd wordt overeengekomen. Informatie over dit incident wordt vastgelegd door de servicedesk medewerker.
Opleveren en ondersteunen	Incidentmanagement	Servicedesk	De servicedesk medewerker onderzoekt de website van de software-leverancier en ontdekt dat dit specifieke geval wordt opgelost in de nieuwste versie van de clientsoftware.
Opleveren en ondersteunen	Incidentmanagement, Toeleveranciersmgt	Servicedesk mw., Tweede lijn	Het incident wordt geëscaleerd naar de tweede lijn. De tweedelijnsondersteuning controleert het contract met de leverancier en de releasenotes voor de client.
Opleveren en ondersteunen, Verkrijgen/ bouwen, Engage	Incidentmgt, Servicerequestmgt, Deplymentmgt, Servicevalidatie en testen	Tweede lijnsonder-steuning, Admin assistent	Tweedelijnsondersteuning neemt contact op met de gebruiker en regelt voor hen een test van de nieuwe versie van de clientsoftware om te kijken of dit hun gevalt oplost. Zij voegen daarna deze versie toe aan de serviceportal zodat de gebruiker het kan installeren.
Opleveren en ondersteunen	Incidentmanagement, Servicevalidatie en testen, Servicerequest-management	Admin assistent, Servicedesk	De gebruiker installeert de nieuwe versie van de software, dmv de serviceportal, en test of dit hun geval oplost. De servicedesk zorgt ervoor dat de gebruiker tevreden is met deze oplossing.
Waarde		Admin assistent	De software werkt nu correct. De gebruiker kan afspraken in de agenda zetten met niet-standaard karakters in zaalnamen.
Engage, Verbeteren	Servicedesk,	Admin assistent,	Een kort tevredenheidsonderzoek wordt ge-emailt aan de admin assistent, die ze invullen

	Incidentmanagement, Voortdurend verbeteren	Servicedesk-manager	en terugsturen. Het resultaat wordt gebruikt om trends te identificeren, en het commentaar wordt doorgezet naar de servicedeskmanager ter overweging.
Verbeteren	Voortdurend verbeteren, Servicevalidatie en teste, Serviceequestmanage-ment, Releasemanagement, Uitrolmanagement	Tweede lijnsonder-steuning	Tweedelijnsondersteuning test de nieuwe versie van de clientsoftware uitgebreid, en maakt het dan beschikbaar voor alle gebruikers via de serviceportal. De upgrade om de vorige versie te vervangen wordt vervolgens uitgerold op een beheerste wijze.

Het ITIL® 4 Foundation-examen

Voorbeeldexamen 1

Vragenboekje

Meerkeuze

Examenduur: 1 uur

Instructies

1. Alle 40 vragen moeten worden ingevuld. Elke vraag is één punt waard.
2. Er is slechts één juist antwoord voor elke vraag.
3. U dient 26 vragen juist te beantwoorden om voor het examen te slagen.
4. Vul uw antwoorden in op het bijgeleverde antwoordblad. Gebruik een potlood (GEEN pen).
5. U hebt 60 minuten de tijd om dit examen te voltooien.
6. Dit is een 'gesloten boek-examen'. Er mag geen ander materiaal dan het examenblad worden gebruikt.

Het ITIL® 4 Foundation-examen

1) Welke practice is verantwoordelijk voor het verplaatsen van componenten naar productieomgevingen?

    A. Change enablement
    B. Release management
    C. IT asset management
    D. Deployment management

2) Welke practice bevat de classificatie en eigenaarschap van vragen en verzoeken van gebruikers?

    A. Servicedesk
    B. Incident management
    C. Change enablement
    D. Service level management

3) Welke practice identificeert metrics die de klantervaring van een service weergeven?

    A. Continual improvement
    B. Servicedesk
    C. Service level management
    D. Problem management

4) Wat is het PRIMAIRE gebruik van een wijzigingsplan?

    A. Het ondersteunen van incident management en verbeteringsplanning
    B. Het managen van emergency changes
    C. Het plannen van changes en het helpen voorkomen van conflicten
    D. Het managen van standaardchanges

5) Welke dimensie van service management is gericht op activiteiten en hoe deze zijn gecoördineerd?

   A. Organisaties en mensen
   B. Informatie en technologie
   C. Partners en leveranciers
   D. Waardestromen en processen

6) Hoe assisteert categorisering van incidenten de 'incident management' practice?

   A. Het helpt door incidenten naar het juiste ondersteuningsgebied te sturen
   B. Het stelt de toegewezen prioriteit van het incident vast
   C. Het zorgt ervoor dat incidenten binnen het met de klant overeengekomen tijdschema worden opgelost
   D. Het stelt vast hoe de serviceprovider wordt waargenomen

7) Identificeer het ontbrekende woord in de volgende zin.

   Een service is een middel om de co-creatie van waarde mogelijk te maken door het faciliteren van [?] die klanten willen bereiken.

   A. de warranty
   B. uitkomsten
   C. de utility
   D. outputs

8) Wat is een aanbeveling van de 'continual improvement' practice?

   A. Er moet ten minste een klein team toegewijd zijn aan het leiden van 'continual improvement' inspanningen
   B. Alle verbeteringen moeten als meerfasenprojecten worden gemanaged
   C. 'Continual improvement' moet van andere practices worden afgezonderd
   D. Externe leveranciers zouden moeten worden uitgesloten van deelname aan verbeteringsinitiatieven.

9) Wat is een potentieel voordeel van het gebruik van een IT-service management tool om de 'incident management' practice te ondersteunen?

   A. Het kan ervoor zorgen dat de oorzaak van incidenten binnen de overeengekomen tijden wordt vastgesteld
   B. Het kan automatisch incidenten aan problems of known errors koppelen
   C. Het kan ervoor zorgen dat leverancierscontracten overeenkomen met de behoeften van de serviceprovider
   D. Het kan automatisch complexe incidenten oplossen en afsluiten

10) Welke rol dient servicerequests in?

    A. De gebruiker, of zijn bevoegde vertegenwoordiger
    B. De klant, of zijn bevoegde vertegenwoordiger
    C. De sponsor, of zijn bevoegde vertegenwoordiger
    D. De leverancier, of zijn bevoegde vertegenwoordiger

11) Welke practice biedt een single point of contact voor gebruikers?

    A. Incident management
    B. Change enablement
    C. Servicedesk
    D. Service request management

12) Welk richtinggevend principe raadt aan dat de vier dimensies van service management worden overwogen?

    A. Denk en werk holistisch
    B. Maak iteratieve voortgang met feedback
    C. Concentreer op waarde
    D. Houd het eenvoudig en praktisch

13) Wat moet ondersteund worden bij de 'service request management' practice?

    A. Een verzoek om een change te autoriseren die invloed zou kunnen hebben op een service
    B. Een verzoek van een gebruiker voor iets dat een normaal onderdeel is van servicelevering
    C. Een verzoek om een service te hervatten na een serviceonderbreking
    D. Een verzoek om de oorzaak van meerdere verwante incidenten te onderzoeken

14) Welke practice is de verantwoordelijkheid van iedereen in de organisatie?

    A. Service level management
    B. Change enablement
    C. Problem management
    D. Continual improvement

15) Identificeer het ontbrekende woord in de volgende zin:

    Het doel van de 'information security management' practice is om de informatie van de organisatie [?].

    A. op te slaan
    B. aan te bieden
    C. te auditen
    D. te beschermen

16) Welk richtinggevend principe raadt het verzamelen van gegevens aan voordat er besloten wordt wat hergebruikt kan worden?

    A. Concentreer op waarde
    B. Begin waar je bent
    C. Houd het eenvoudig en praktisch
    D. Maak iteratieve voortgang met feedback

17) Wat wordt doorgaans NIET als onderdeel van incident management opgenomen?

   A. Scripts voor het verzamelen van aanvankelijke informatie over incidenten
   B. Geformaliseerde procedures voor het loggen van incidenten
   C. Gedetailleerde procedures voor de diagnose van incidenten
   D. Het gebruik van gespecialiseerde kennis voor gecompliceerde incidenten

18) Wat beschrijft de aard van de richtinggevende principes?

   A. Richtinggevende principes kunnen een organisatie onder alle omstandigheden een richtlijn bieden
   B. Ieder richtinggevend principe vereist specifieke acties en beslissingen
   C. Een organisatie zal slechts één van de zeven richtinggevende principes selecteren en toepassen
   D. De richtinggevende principes beschrijven de processen die alle organisaties moeten toepassen

19) Welke stelling over change authority is JUIST?

   A. Een enkele change authority dient aangesteld te worden om ieder type change en change models te autoriseren
   B. Een change authority dient voor ieder type change en change model toegekend te worden
   C. Normale changes zijn vooraf geautoriseerd en vereisen geen change authority
   D. Emergency changes kunnen zonder autorisatie van een change authority worden uitgevoerd

20) Welke practice heeft als doel het beschikbaar stellen van nieuwe en gewijzigde services en functionaliteiten voor gebruik?

   A. Change enablement
   B. Service request management
   C. Release management
   D. Deployment management

21) Welke waardeketenactiviteit zorgt ervoor dat mensen de visie van de organisatie begrijpen?

   A. Verbeteren
   B. Plannen
   C. Opleveren en ondersteunen
   D. Verkrijgen / bouwen

22) Welke stelling over de waardeketenactiviteiten is JUIST?

   A. Iedere practice behoort tot een specifieke waardeketenactiviteit
   B. Een specifieke combinatie van waardeketenactiviteiten en practices vormen een servicerelatie
   C. Servicewaardeketenactiviteiten vormen een enkele workflow die waardecreatie mogelijk maakt
   D. Elke waardeketenactiviteit draagt bij aan de waardeketen door specifieke inputs in outputs te transformeren

23) Wat is het doel van de 'supplier management' practice?

   A. Om ervoor te zorgen dat de leveranciers van de organisatie en hun prestaties op de juiste manier ter ondersteuning van de naadloze levering van kwaliteitsproducten en -diensten worden gemanaged
   B. Om de practices en services van de organisatie af te stemmen op veranderende businessbehoeften door het voortdurend identificeren en verbeteren van services
   C. Om ervoor te zorgen dat de leveranciers van de organisatie en hun prestaties op de juiste manier op strategisch en tactisch niveau gemanaged worden door gecoördineerde marketing-, verkoop- en opleveringsactiviteiten
   D. Om ervoor zorgen dat nauwkeurige en betrouwbare informatie over de configuratie van services van leveranciers waar en wanneer nodig beschikbaar is

Het ITIL® 4 Foundation-examen

24) Wat zijn de twee kostentypen die een gebruiker van een service moet evalueren?

   A. De prijs van de service en de creatiekosten van de service
   B. De kosten die door de service worden geëlimineerd en de kosten die door de service worden opgelegd
   C. De leveringskosten van de service en de verbeteringskosten van de service
   D. De kosten van de service en de kosten van de hardware

25) Wat is het doel van de 'service desk' practice?

   A. De waarschijnlijkheid en de impact van incidenten verminderen door werkelijke en mogelijke oorzaken van incidenten te identificeren
   B. Het aantal succesvolle IT-changes maximaliseren door ervoor te zorgen dat risico's goed worden beoordeeld
   C. De vraag naar incidentoplossing en servicerequests opvangen
   D. Duidelijke business gebaseerde doelen voor de prestaties van services vaststellen

26) Hoe dient een organisatie de methoden voor continual improvement toe te passen?

   A. Gebruik een nieuwe methode voor iedere verbetering die de organisatie behandelt
   B. Selecteer een aantal belangrijke methoden voor de verbeteringstypen die de organisatie behandelt
   C. Ontwikkel het vermogen om zo veel mogelijk verbeteringsmethoden te gebruiken
   D. Selecteer een enkele methode voor alle verbeteringen die de organisatie behandelt

27) Welke ITIL-term beschrijft governance?

   A. De zeven richtinggevende principes
   B. De vier dimensies van service management
   C. De servicewaardeketen
   D. Het service value system

28) Wat is een aanbeveling van de 'service desk' practice?

    A. Servicedesks moeten het gebruik van automatisering vermijden
    B. Servicedesks moeten zeer technisch zijn
    C. Servicedesks moeten de bredere organisatie begrijpen
    D. Servicedesks moeten een fysiek team op één vaste locatie zijn

29) Welk richtinggevend principe raadt aan om het werk in kleinere, handelbare stukken te organiseren die tijdig uitgevoerd en voltooid kunnen worden?

    A. Concentreer op waarde
    B. Begin waar je bent
    C. Maak iteratieve voortgang met feedback
    D. Werk samen en maak het zichtbaar

30) Wat is een standaardchange?

    A. Een change die goed wordt begrepen, volledig is gedocumenteerd en vooraf is geautoriseerd
    B. Een change die door een change authority beoordeeld, geautoriseerd en gepland moet worden
    C. Een change die geen risico-assessment nodig heeft, omdat het vereist wordt om een incident op te lossen
    D. Een change die als onderdeel van 'continual improvement' wordt beoordeeld, geautoriseerd en gepland

31) Wat gebeurt er als een workaround de permanente manier van handelen wordt bij een problem dat niet op een kosteneffectieve manier kan worden opgelost?

    A. Er wordt een request for change bij change enablement ingediend
    B. De service wordt zo snel mogelijk door problem management hersteld
    C. De problem blijft in de status known error
    D. De problem record wordt verwijderd

Het ITIL® 4 Foundation-examen

32) Wat is de definitie van een change?

   A. Om alles wat een direct of indirect effect op services kan hebben toe te voegen, aan te passen of te verwijderen
   B. Om ervoor te zorgen dat nauwkeurige en betrouwbare informatie over de configuratie van service beschikbaar is
   C. Om nieuwe en gewijzigde services en functionaliteiten beschikbaar voor gebruik te stellen
   D. Om nieuwe of gewijzigde hardware, software of andere componenten naar productieomgevingen te verplaatsen

33) Wat is de definitie van een event?

   A. Iedere verandering van een toestand die betekenis heeft voor het managen van een service of een ander configuratie-item
   B. Iedere component die gemanaged moet worden voor de oplevering van een IT-service.
   C. Een ongeplande onderbreking van een service of kwaliteitsvermindering van een service.
   D. Iedere component met een financiële waarde die kan bijdragen aan de levering van een IT-product of IT-service

34) Wat beschrijft uitkomsten?

   A. Tastbare of niet-tastbare deliverables
   B. Functionaliteit die door een product of service wordt aangeboden
   C. Gewenste resultaten door een stakeholder
   D. Configuratie van een resource van een organisatie

35) Wat is NIET een belangrijke focus van de 'informatie en technologie'-dimensie?

   A. Beveiliging en compliance
   B. Communicatiesystemen en kennisbanken
   C. Workflowmanagement en inventarisatiesystemen
   D. Rollen en verantwoordelijkheden

36) Welke practices zijn kenmerkend betrokken bij de implementatie van een probleemoplossing?

   1. Continual improvement
   2. Service request management
   3. Service level management
   4. Change enablement

   A. 1 en 2
   B. 2 en 3
   C. 3 en 4
   D. 1 en 4

37) Wat is een belangrijke overweging voor het richtinggevende principe 'houd het eenvoudig en praktisch'?

   A. Probeer om een oplossing voor iedere afwijking te creëren
   B. Begrijp hoe ieder element een bijdrage levert aan de waardecreatie
   C. Negeer de tegenstrijdige doelstellingen van verschillende stakeholders
   D. Begin met een complexe oplossing en vereenvoudig vervolgens

38) Wat moet er eerst worden gedaan wanneer het richtinggevende principe 'concentreer op waarde' wordt toegepast?

   A. Identificeer de uitkomsten die de service faciliteert
   B. Identificeer alle leveranciers en partners die betrokken zijn bij de service
   C. Bepaal in iedere situatie wie de gebruiker van een service is
   D. Bepaal de kosten van het leveren van de service

39) Een serviceprovider beschrijft een pakket dat een laptop met software, licenties en ondersteuning bevat. Waar is dit pakket een voorbeeld van?

   A. Waarde
   B. Een uitkomst
   C. Warranty
   D. Een serviceaanbod

40) Wat is de definitie van warranty?

A. Een tastbare of niet-tastbare deliverable die geproduceerd is door de uitvoering van een activiteit
B. De garantie dat een product of service aan de overeengekomen vereisten voldoet
C. Een mogelijke event die schade of verlies kan toebrengen, of op negatieve wijze het vermogen beïnvloedt om doelstellingen te realiseren
D. De functionaliteit die een product of service biedt om aan een bepaalde behoefte te voldoen

Het ITIL® 4 Foundation-examen

Voorbeeldexamen 1

Antwoorden en onderbouwing

Het ITIL® 4 Foundation-examen

Voor examen: NL_ITIL4_FND_2019_SamplePaper1_QuestionBk_v1.4.1

V	A	Syllabus-referentie	Onderbouwing
1	D	6.1.h	A. Onjuist. "Het doel van de change enablement practice is het maximaliseren van het aantal succesvolle service- en productwijzigingen door ervoor te zorgen dat risico's goed worden beoordeeld, changes worden goedgekeurd en het wijzigingsplan wordt gemanaged." Referentie 5.2.4 B. Onjuist. "Het doel van de release management practice is het beschikbaar stellen van nieuwe en gewijzigde services en functionaliteiten voor gebruik." Referentie 5.2.9 C. Onjuist. "Het doel van de IT asset management practice is het plannen en managen van de volledige levenscyclus van alle IT-assets". Referentie 5.2.6 D. Juist. "Het doel van de deployment management practice is om nieuwe of gewijzigde hardware, software, documentatie, processen of enig andere component naar een productieomgeving te verplaatsen." Referentie 5.3.1
2	A	7.1.f	A. Juist. "Servicedesks bieden een duidelijke weg voor gebruikers om issues, vragen en verzoeken te rapporteren, en deze te laten accepteren, classificeren, toewijzen en als actie te laten uitvoeren". Referentie 5.2.14 B. Onjuist. De 'incident management' practice behandelt alleen incidenten, niet vragen en verzoeken. "Het doel van de incident management practice is het minimaliseren van de negatieve impact van incidenten door de normale serviceverlening zo snel mogelijk te herstellen". Referentie 5.2.5 C. Onjuist. De 'change enablement' practice behandelt alleen requests for change, niet vragen en verzoeken. "Het doel van de change enablement practice is het maximaliseren van het aantal succesvolle service- en productwijzigingen door ervoor te zorgen dat risico's goed worden beoordeeld, changes worden goedgekeurd en het wijzigingsplan wordt gemanaged." Referentie 5.2.4 D. Onjuist. De 'service level management' practice zorgt ervoor dat servicedoelstellingen worden gerealiseerd. Het managet geen vragen en verzoeken van gebruikers. "Het doel van de service level management practice is het vaststellen van duidelijke business gebaseerde doelen voor de prestaties van services, zodat de oplevering van een service goed kan worden beoordeeld, gemonitord en gemanaged met deze doelen". Referentie 5.2.15

V	A	Syllabus-referentie	Onderbouwing
3	C	7.1.g	A. Onjuist. "Het doel van de continual improvement practice is om de practices en services van de organisatie af te stemmen op veranderende businessbehoeften door middel van de voortdurende verbetering van producten, services en practices, of een element dat betrokken is bij het managen van producten en services." Referentie 5.1.2 B. Onjuist. "Het doel van de service desk practice is het vastleggen van de vraag naar incidentoplossing en servicerequests. Het moet ook het toegangspunt en single point of contact voor de serviceprovider en al zijn gebruikers zijn." Referentie 5.2.14 C. Juist. "Service level management identificeert metrics en meet of ze een waarheidsgetrouwe reflectie zijn van de werkelijke ervaring en graad van tevredenheid van de klant met de gehele service," en "Betrokkenheid is vereist om de werkelijke voortdurende behoeften en vereisten van klanten te begrijpen en te bevestigen, niet simpelweg wat er door de serviceprovider wordt geïnterpreteerd of wat er een aantal jaar geleden is afgesproken." Referentie 5.2.15.1 D. Onjuist. "Het doel van de problem management practice is het verminderen van de waarschijnlijkheid en de impact van incidenten door werkelijke en mogelijke oorzaken van incidenten te identificeren en workarounds en known errors te managen." Referentie 5.2.8

Het ITIL® 4 Foundation-examen

V	A	Syllabus-referentie	Onderbouwing
4	C	7.1.b	A. Onjuist. Alhoewel het na de uitrol van een change kan worden gebruikt, is dit niet het voornaamste gebruik van een wijzigingsplan. "Het wijzigingsplan wordt gebruikt om changes te helpen plannen, bij communicatie te assisteren, conflicten te vermijden en resources toe te wijzen. Het kan ook worden gebruikt nadat de changes uitgerold zijn om informatie te bieden die nodig is voor incident management, problem management en verbeteringsplanning." Referentie 5.2.4 B. Onjuist. "Emergency changes: dit zijn changes die zo snel mogelijk geïmplementeerd moeten worden; bijvoorbeeld om een incident op te lossen of een security patch te implementeren Emergency changes worden doorgaans niet in een wijzigingsplan opgenomen en het proces van assessment en autorisatie wordt versneld om te garanderen dat deze snel geïmplementeerd kunnen worden." Referentie 5.2.4 C. Juist. "Het wijzigingsplan wordt gebruikt om changes te helpen plannen, bij communicatie te assisteren, conflicten te vermijden en resources toe te wijzen." Referentie 5.2.4 D. Onjuist. Standaardchanges zijn vooraf geautoriseerd en hoeven niet in een wijzigingsplan te worden opgenomen. "Dit zijn vooraf geautoriseerde changes met een laag risico die goed worden begrepen en volledig gedocumenteerd zijn, en die zonder aanvullende autorisatie kunnen worden geïmplementeerd." Referentie 5.2.4
5	D	3.1.d	A. Onjuist. De 'organisaties en mensen'-dimensie beschrijft "rollen en verantwoordelijkheden, formele organisatiestructuren, cultuur en vereiste personeelsbezetting en vaardigheden." Referentie 3.1 B. Onjuist. De 'informatie en technologie'-dimensie "bevat de informatie en kennis die nodig is voor het beheer van services en de vereiste technologieën" en "de informatie die gecreëerd, gemanaged en gebruikt is gedurende de serviceverlening en -consumptie en de technologieën die de service ondersteunen en mogelijk maken." Referentie 3.2 C. Onjuist. "De partners en leveranciers-dimensie omvat de relaties die een organisatie heeft met andere organisaties die betrokken zijn bij het ontwerpen, ontwikkelen, uitrollen, opleveren, ondersteunen en/of voortdurend verbeteren van services. Het omvat ook contracten en andere overeenkomsten tussen de organisatie en haar partners of leveranciers". Referentie 3.3 D. Juist. De 'waardestromen en processen'-dimensie "richt zich op welke activiteiten de organisatie uitvoert en hoe deze worden georganiseerd, maar ook hoe de organisatie ervoor zorgt dat de waardecreatie op een efficiënte en effectieve wijze mogelijk wordt gemaakt voor alle stakeholders." Referentie 3.4

V	A	Syllabus-referentie	Onderbouwing
6	A	7.1.c	A. Juist. "Complexere incidenten worden doorgaans geëscaleerd naar een ondersteuningsteam om opgelost te worden. De routing is doorgaans gebaseerd op de incidentcategorie die bij de identificatie van het juiste team dient te helpen." Referentie 5.2.5 B. Onjuist. De categorie houdt zich bezig met het type incident, terwijl prioriteit wordt vastgesteld door businessimpact. "Incidenten worden geprioriteerd op basis van een overeengekomen classificatie om ervoor te zorgen dat incidenten met de hoogste businessimpact eerst worden opgelost." Referentie 5.2.5 C. Onjuist. "Ieder incident dient geregistreerd en gemanaged te worden om ervoor te zorgen dat het incident wordt opgelost binnen een tijdschema dat aan de verwachtingen van de klant en gebruiker voldoet." Categorisering op zichzelf maakt dit niet mogelijk. Referentie 5.2.5 D. Onjuist. Klant- en gebruikerstevredenheid stelt vast hoe een serviceprovider wordt waargenomen. "Incident management kan een enorm effect hebben op klant- en gebruikerstevredenheid en hoe klanten en gebruikers de serviceprovider waarnemen." Referentie 5.2.5
7	B	1.1.a	A. Onjuist. Warranty betekent "garantie dat een product of service aan de overeengekomen vereisten voldoet." Warranty van een service is nodig, maar is niet genoeg om co-creatie van waarde mogelijk te maken. Referentie 2.5.4 B. Juist. Een service is "een middel om de co-creatie van waarde mogelijk te maken door het faciliteren van uitkomsten die klanten willen bereiken, zonder dat de klant daarbij specifieke kosten en risico's hoeft te managen". Referentie 2.3.1 C. Onjuist. Utility is "de aangeboden functionaliteit van een product of service". Utility van een service is nodig, maar is niet genoeg om co-creatie van waarde mogelijk te maken. Referentie 2.5.4 D. Onjuist. Een output is "een tastbare of niet-tastbare deliverable van een activiteit." De output van een service is nodig, maar is niet genoeg om co-creatie van waarde mogelijk te maken. Referentie 2.5.1

Het ITIL® 4 Foundation-examen

V	A	Syllabus-referentie	Onderbouwing
8	A	7.1.a	A. Juist. "Alhoewel iedereen op een manier een bijdrage moet leveren, moet er ten minste een klein team zich voltijd bezighouden met het leiden van inspanningen voor voortdurende verbetering en het promoten van de practice door de gehele organisatie heen." Referentie 5.1.2 B. Onjuist. "Verschillende typen verbeteringen kunnen andere verbeteringsmethoden vereisen. Sommige verbeteringen kunnen bijvoorbeeld het beste in een meerfasenprojecten worden georganiseerd, terwijl anderen beter als een enkele snelle inspanning uitgevoerd kunnen worden." Referentie 5.1.2 C. Onjuist. "De continual improvement practice is integraal voor de ontwikkeling en het onderhoud van alle andere practices." Referentie 5.1.2 D. Onjuist. "Wanneer externe leveranciers een deel uitmaken van het service landschap, moeten ze ook een deel uitmaken van de inspanningen voor verbetering." Referentie 5.1.2
9	B	7.1.c	A. Onjuist. "Oplossingstermijnen worden overeengekomen, vastgelegd en gecommuniceerd om ervoor te zorgen dat de verwachtingen reëel zijn." Een goede IT-service management tool kan ervoor zorgen dat een organisatie aan deze tijden kan voldoen, maar de tool kan niet verzekeren dat dit werkelijk gebeurt. Bovendien is de identificatie van oorzaken van incidenten een problem management activiteit Referentie 5.2.5 B. Juist. "Moderne IT service management tools kunnen een geautomatiseerde koppeling van incidenten met andere incidenten, problems of known errors bieden". Referentie 5.2.5 C. Onjuist. 'Incident management' vereist dat leverancierscontracten goed afgestemd zijn, maar de afstemming van de contracten is een doel van de 'supplier management' practice. Referentie 5.1.13 D. Onjuist. "De meest complexe incidenten en alle major incidenten vereisen vaak een tijdelijk team die samen naar een oplossing moeten zoeken". "Het onderzoek naar complexere incidenten vereist vaak kennis en deskundigheid en niet procedurele stappen." Referentie 5.2.5

V	A	Syllabus-referentie	Onderbouwing
10	A	7.1.e	A. Juist. "Het doel van de service request management practice is het ondersteunen van de overeengekomen kwaliteit van een service door alle vooraf gedefinieerde en door de gebruiker-geïnitieerde servicerequests af te handelen..." en een servicerequest wordt gedefinieerd als "een verzoek van een gebruiker of een door de gebruiker gemachtigde vertegenwoordiger dat leidt tot een service action". Referentie 5.2.16 B. Onjuist. De klant is "de rol die de vereisten voor een service bepaalt en verantwoordelijk is voor de uitkomsten die uit de serviceconsumptie voortvloeien". Een klant kan ook een gebruiker zijn en kan in die rol een servicerequest indienen. Referentie 2.2.2 C. Onjuist. Een sponsor is "de rol die het budget voor de serviceconsumptie autoriseert." Een sponsor kan ook een gebruiker zijn en kan in die rol een servicerequest indienen. Referentie 2.2.2 D. Onjuist. "De partners en leveranciers-dimensie omvat de relaties die een organisatie heeft met andere organisaties die betrokken zijn bij het ontwerpen, ontwikkelen, uitrollen, opleveren, ondersteunen en/of voortdurend verbeteren van services". Dit omvat niet de consumptie van services en "Het doel van de service request management practice is om de overeengekomen kwaliteit van een service door alle vooraf gedefinieerde en door de gebruiker-geïnitieerde servicerequests te ondersteunen." Referentie 3.3, 5.2.16

Het ITIL® 4 Foundation-examen

V	A	Syllabus-referentie	Onderbouwing
11	C	7.1.f	A. Onjuist. "Het doel van de incident management practice is het minimaliseren van de negatieve impact van incidenten door de normale serviceverlening zo snel mogelijk te herstellen." De 'incident management' practice biedt geen single point of contact voor gebruikers van services. Referentie 5.2.5 B. Onjuist. "Het doel van de change enablement practice is het maximaliseren van het aantal succesvolle services en productwijzigingen door ervoor te zorgen dat risico's goed worden beoordeeld, changes worden goedgekeurd en het wijzigingsplan wordt gemanaged." De 'change enablement' practice heeft geen single point of contact voor gebruikers van services. Referentie 5.2.4 C. Juist. "Het doel van de service desk practice is het vastleggen van de vraag naar incidentoplossing en servicerequests. Het moet ook het toegangspunt en single point of contact van de serviceprovider met al zijn gebruikers zijn." Referentie 5.2.14 D. Onjuist. "Het doel van de service request management practice is het ondersteunen van de overeengekomen kwaliteit van een service door alle vooraf gedefinieerde en door de gebruiker geïnitieerde servicerequests op een effectieve en gebruikersvriendelijke manier af te handelen." De 'service request management' practice heeft geen single point of contact voor gebruikers van services. Referentie 5.2.16

V	A	Syllabus-referentie	Onderbouwing
12	A	2.2.e	A. Juist. Het richtinggevend principe 'denk en werk holistisch' adviseert dat er rekening wordt gehouden met alle aspecten van een organisatie bij het leveren van waarde in de vorm van services. Dit omvat alle vier dimensies van service management (organisaties en mensen; informatie en technologie; partners en leveranciers; waardestromen en processen). "Services worden opgeleverd aan interne en externe servicegebruikers door middel van de coördinatie en integratie van de vier dimensies van service management." Referentie 4.3.5 B. Onjuist. Het richtinggevende principe 'maak iteratieve voortgang met feedback' houdt zich bezig met het opsplitsen van initiatieven in handelbare delen die gemakkelijker uitgevoerd kunnen worden. Het houdt zich niet voornamelijk bezig met het adresseren van de vier dimensies van service management. Referentie 4.3.3 C. Onjuist. Het richtinggevende principe 'concentreer op waarde' zorgt ervoor dat alles wat de organisatie doet terug wordt gekoppeld aan het leveren van waarde aan gebruikers van services. Het houdt zich niet voornamelijk bezig met het adresseren van de vier dimensies van service management. Referentie 4.3.1 D. Onjuist. Het richtinggevende principe 'houd het eenvoudig en praktisch' richt zich op het eenvoudig houden van zaken door complexiteit te verminderen en onnodige activiteiten en stappen te elimineren. Het houdt zich niet voornamelijk bezig met het adresseren van de vier dimensies van service management. Referentie 4.3.6
13	B	7.1.e	A. Onjuist. Dit wordt ondersteund door de 'change enablement' practice. Een change is "de toevoeging, aanpassing of verwijdering van alles wat een direct of indirect effect kan hebben op services." Normale changes "moeten gepland, beoordeeld en geautoriseerd worden". Referentie 5.2.4 B. Juist. Een servicerequest is "een verzoek van een gebruiker of een door de gebruiker gemachtigde vertegenwoordiger dat leidt tot een service action die, conform de overeenkomst, onderdeel is van de gewoonlijke servicelevering. Referentie 5.2.16 C. Onjuist. Dit wordt ondersteund door de 'incident management' practice. Een incident is "een ongeplande onderbreking van een service of kwaliteitsvermindering van een service." Referentie 5.2.5 D. Onjuist. Dit wordt ondersteund door de 'problem management' practice. Een problem is "een oorzaak of mogelijke oorzaak van één of meer incidenten". Referentie 5.2.8

Het ITIL® 4 Foundation-examen

V	A	Syllabus-referentie	Onderbouwing
14	D	7.1.a	A. Onjuist. De 'service level management' practice is niet de verantwoordelijkheid van iedereen in de organisatie. Een aantal rollen zijn vereist, maar er is geen vaste structuur. Het wordt aangeraden dat er waar mogelijk een onafhankelijke en neutrale rol is. Referentie 5.2.15 B. Onjuist. De 'change enablement' practice is niet de verantwoordelijkheid van iedereen in de organisatie. Veel rollen kunnen worden toegewezen aan change enablement zoals change authority. Het vereist ook input van iedereen met deskundige kennis. Referentie 5.2.4 C. Onjuist. De 'problem management' practice is niet de verantwoordelijkheid van iedereen in de organisatie. De meeste problem managementactiviteiten steunen op de kennis en ervaring van het personeel. Referentie 5.2.8 D. Juist. "continual improvement is de verantwoordelijkheid van iedereen" en "De toewijding aan en de practice van continual improvement moet deel uitmaken van ieder deel van de organisatie". Referentie 5.1.2

V	A	Syllabus-referentie	Onderbouwing
15	D	6.1.a	A. Onjuist. "Het doel van de information security management practice is de bescherming van de informatie die de organisatie nodig heeft om de business te leiden. Dit omvat het begrijpen en managen van risico's omtrent de vertrouwelijkheid, integriteit en beschikbaarheid van informatie en ook andere aspecten van informatiebeveiliging zoals authenticatie (controleren of iemand is wie hij/zij beweert te zijn) en onweerlegbaarheid (zorgt ervoor dat iemand de uitvoering van een actie niet kan ontkennen)." Referentie 5.1.3 B. Onjuist. "Het doel van de information security management practice is de bescherming van de informatie die de organisatie nodig heeft om de business te leiden. Dit omvat het begrijpen en managen van risico's omtrent de vertrouwelijkheid, integriteit en beschikbaarheid van informatie en ook andere aspecten van informatiebeveiliging zoals authenticatie (controleren dat iemand is wie hij/zij beweert te zijn) en onweerlegbaarheid (zorgt ervoor dat iemand de uitvoering van een actie niet kan ontkennen)." Referentie 5.1.3 C. Onjuist. "Het doel van de information security management practice is de bescherming van de informatie die de organisatie nodig heeft om de business te leiden. Dit omvat het begrijpen en managen van risico's omtrent de vertrouwelijkheid, integriteit en beschikbaarheid van informatie en ook andere aspecten van informatiebeveiliging zoals authenticatie (controleren dat iemand is wie hij/zij beweert te zijn) en onweerlegbaarheid (zorgt ervoor dat iemand de uitvoering van een actie niet kan ontkennen)." Referentie 5.1.3 D. Juist. "Het doel van de information security management practice is de bescherming van de informatie die de organisatie nodig heeft om de business te leiden. Dit omvat het begrijpen en managen van risico's omtrent de vertrouwelijkheid, integriteit en beschikbaarheid van informatie en ook andere aspecten van informatiebeveiliging zoals authenticatie (controleren dat iemand is wie hij/zij beweert te zijn) en onweerlegbaarheid (zorgt ervoor dat iemand de uitvoering van een actie niet kan ontkennen)." Referentie 5.1.3

Het ITIL® 4 Foundation-examen

V	A	Syllabus-referentie	Onderbouwing
16	B	2.2.b	A. Onjuist. Het richtinggevend principe 'concentreer op waarde' geeft aan dat "Alle activiteiten die door de organisatie uitgevoerd worden, direct of indirect teruggekoppeld moeten worden naar waarde voor zichzelf, de klanten, en andere stakeholders." Referentie 4.3.1 B. Juist. Het richtinggevend principe 'begin waar je bent' raadt aan dat "Services en methoden die al aanwezig zijn, gemeten en/of rechtstreeks geobserveerd moeten worden om goed te kunnen begrijpen wat hun huidige status is en wat ervan hergebruikt kan worden... Het verkrijgen van gegevens van de bron helpt veronderstellingen te vermijden die rampzalig kunnen zijn voor tijdlijnen, budgetten en de kwaliteit van resultaten als de veronderstellingen ongegrond blijken." Referentie 4.3.2 C. Onjuist. Het richtinggevende principe 'houd het eenvoudig en praktisch' geeft aan dat een organisatie 'altijd het minimum aantal stappen moet gebruiken die nodig zijn om een doelstelling te behalen." Referentie 4.3.6 D. Onjuist. Het principe 'maak iteratieve voortgang met feedback' geeft aan dat "Door het werk in kleinere, handelbare stukken die uitgevoerd en tijdig voltooid kunnen worden, te verdelen, wordt de concentratie op elke inspanning scherper en gemakkelijker vol te houden." Referentie 4.3.3
17	C	7.1.c	A. Onjuist. "Er kunnen scripts zijn voor het verzamelen van informatie van gebruikers tijdens het eerste contact". Referentie 5.2.5 B. Onjuist. "Er dient een formeel proces voor het loggen en managen van incidenten te zijn." Referentie 5.2.5 C. Juist. "Dit proces bevat doorgaans NIET gedetailleerde processen voor de diagnose, onderzoek en oplossing van incidenten." Referentie 5.2.5 D. Onjuist. "Het onderzoek naar complexere incidenten vereist vaak kennis en deskundigheid en niet procedurele stappen." Referentie 5.2.5

V	A	Syllabus-referentie	Onderbouwing
18	A	2.1	A. Juist. Een richtinggevend principe wordt gedefinieerd als een aanbeveling die een organisatie onder alle omstandigheden een richtlijn biedt en organisaties begeleidt bij het toepassen van service management. Ze worden niet als normatief of verplicht beschreven. Referentie 4.3 B. Onjuist. De richtinggevende principes worden door organisaties gereviewd en toegepast. De richtinggevende principes bieden organisaties een richtlijn voor het nemen van beslissingen en het toepassen van acties. Ze vereisen geen specifieke acties en beslissingen. Referentie 4.3.8 C. Onjuist. Organisaties zullen de principes gebruiken die voor hen relevant zijn en zijn niet verplicht om met een gegeven aantal te gebruiken. Referentie 4.3 D. Onjuist. De richtinggevende principes bieden organisaties een richtlijn voor het nemen van beslissingen en het toepassen van acties. Ze zijn niet verplicht. Referentie 4.3
19	B	7.1.b	A. Onjuist. "Het is essentieel dat de juiste change authority toegewezen wordt aan elk type change om ervoor te zorgen dat change enablement efficiënt en effectief is." Voor normale changes bepalen "change models op basis van het type change de rollen voor assessment en autorisatie". Eén change authority is onvoldoende. Referentie 5.2.4 B. Juist. "Het is essentieel dat de juiste change authority toegewezen wordt aan elk type change om ervoor te zorgen dat change enablement efficiënt en effectief is." Voor normale changes bepalen "change models op basis van het type change de rollen voor assessment en autorisatie". Referentie 5.2.4 C. Onjuist. Normale changes zijn "changes die volgens een proces gepland, beoordeeld en geautoriseerd moeten worden." Normale changes worden daarom door een change authority geautoriseerd. Standaardchanges kunnen vooraf worden geautoriseerd: "Dit zijn vooraf geautoriseerde changes met een laag risico die goed worden begrepen en volledig zijn gedocumenteerd, en die zonder aanvullende autorisatie geïmplementeerd kunnen worden". Referentie 5.2.4 D. Onjuist. "Emergency changes worden doorgaans niet in een wijzigingsplan opgenomen en het proces van assessment en autorisatie wordt versneld om te garanderen dat deze snel geïmplementeerd kunnen worden." Alle emergency changes worden daarom door een change authority geautoriseerd. Referentie 5.2.4

Het ITIL® 4 Foundation-examen

V	A	Syllabus-referentie	Onderbouwing
20	C	6.1.f	A. Onjuist. "Het doel van de change enablement practice is het maximaliseren van het aantal succesvolle services en productwijzigingen door ervoor te zorgen dat risico's goed worden beoordeeld, changes worden goedgekeurd en het wijzigingsplan wordt gemanaged." Referentie 5.2.4 B. Onjuist. "Het doel van de service request management practice is het ondersteunen van de overeengekomen kwaliteit van een service door alle vooraf gedefinieerde en door de gebruiker-geïnitieerde servicerequests op een effectieve en gebruikersvriendelijke manier af te handelen". Referentie 5.2.16 C. Juist. "Het doel van de release management practice is het beschikbaar stellen van nieuwe en gewijzigde services en functionaliteiten voor gebruik". Referentie 5.2.9 D. Onjuist. "Het doel van de deployment management practice is om nieuwe of gewijzigde hardware, software, documentatie, processen of enig andere component naar een productieomgeving te verplaatsen." Referentie 5.3.1
21	B	5.2.a	A. Onjuist. Het doel van de waardeketenactiviteit 'verbeteren' is "het garanderen van een voortdurende verbetering van producten, services en practices binnen alle waardeketenactiviteiten en de vier dimensies van service management." Referentie 4.5.2 B. Juist. Het doel van de waardeketenactiviteit 'plannen' is "het garanderen van een gedeeld begrip van de visie, de huidige status en de verbeteringsrichting voor alle vier dimensies en alle producten en services binnen de organisatie." Referentie 4.5.1 C. Onjuist. Het doel van de waardeketenactiviteit 'opleveren en ondersteunen' is "het garanderen dat services opgeleverd en ondersteund worden volgens overeengekomen specificaties en verwachtingen van stakeholders." Referentie 4.5.6 D. Onjuist. Het doel van de waardeketenactiviteit 'verkrijgen / bouwen' is "het garanderen dat servicecomponenten beschikbaar zijn waar en wanneer nodig, en dat deze aan de overeengekomen specificaties voldoen." Referentie 4.5.5

V	A	Syllabus-referentie	Onderbouwing
22	D	5.1	A. Onjuist. "Waardeketenactiviteiten gebruiken verschillende combinaties van ITIL-practices". Practices behoren niet tot één waardeketenactiviteit. Referentie 4.5 B. Onjuist. Servicewaardestromen zijn "specifieke combinaties van activiteiten en practices en iedere stroom is ontworpen voor een bepaald scenario" en "Servicerelaties omvatten serviceverlening, serviceconsumptie en service relationship management." Referentie 4.5, 2.4.1 C. Onjuist. Servicewaardestromen zijn "specifieke combinaties van activiteiten en practices en iedere stroom is voor een bepaald scenario ontworpen." Er kunnen meerdere servicewaardestromen binnen één servicewaardeketen zijn. Referentie 4.5 D. Juist. "Deze activiteiten vertegenwoordigen de stappen die een organisatie onderneemt bij het creëren van waarde. Iedere activiteit transformeert inputs in outputs. Deze inputs kunnen de vraag van buiten de waardeketen of outputs van andere activiteiten zijn. Alle activiteiten zijn verbonden waarbij iedere activiteit triggers voor verdere actie ontvangt en verstrekt." Referentie 4.5
23	A	6.1.c	A. Juist. "Het doel van de supplier management practice is om ervoor te zorgen dat de leveranciers van de organisatie en hun prestaties op een goede manier gemanaged worden om de naadloze levering van kwaliteitsproducten en -diensten te ondersteunen." Referentie 5.1.13 B. Onjuist. "Het doel van de continual improvement practice is om de practices en services van de organisatie af te stemmen op veranderende businessbehoeften door middel van de voortdurende verbetering van producten, services en practices, of een element dat betrokken is bij het beheren van producten en services." Dit is niet het doel van de 'supplier management' practice. Een organisatie zal zijn practices niet aanpassen om aan de behoeften van een leverancier te voldoen. Referentie 5.1.2 C. Onjuist. "Het doel van de relationship management practice is om relaties tussen een organisatie en haar stakeholders op te bouwen en te onderhouden op strategisch en tactisch niveau". Dit is niet het doel van de 'supplier management' practice. Referentie 5.1.9 D. Onjuist. "Het doel van de service configuration management practice is om ervoor te zorgen dat, wanneer en waar nodig, nauwkeurige en betrouwbare informatie beschikbaar is over de configuratie van services en de configuratie-items die deze ondersteunen". Dit is niet het doel van de 'supplier management' practice. Referentie 5.2.11

Het ITIL® 4 Foundation-examen

V	A	Syllabus-referentie	Onderbouwing
24	B	1.2.a	A. Onjuist. De prijs van de service is alleen een deel van de kosten die aan de gebruiker worden opgelegd. De creatiekosten van de service zijn een zorg van de serviceprovider en niet van de gebruiker van de service. De gebruiker van de service moet ook de kosten evalueren die van de gebruiker zijn verwijderd. Referentie 2.5.2 B. Juist. Vanuit het perspectief van de gebruiker van de service zijn er twee kostentypen bij servicerelaties betrokken: 1. Kosten die door de service van de gebruiker van de service geëlimineerd worden (een onderdeel van het waardevoorstel). Dit kan de kosten bevatten voor personeel, technologie en andere resources die de gebruiker niet nodig heeft. 2. Kosten die door de service aan de gebruiker van de service worden opgelegd (de kosten van serviceconsumptie). De totale kosten van de consumptie van een service omvat de prijs die door de serviceprovider wordt gerekend (indien van toepassing), plus andere kosten zoals personeelstraining, kosten voor netwerkgebruik, inkoop, etc. Referentie 2.5.2 C. Onjuist. De leverings- en verbeteringskosten van de service zijn zorgen van de serviceprovider en niet van de gebruiker van de service. De gebruiker van de service moet de kosten evalueren die van de gebruiker geëlimineerd zijn en de kosten die aan de gebruiker worden opgelegd. Referentie 2.5.2 D. Onjuist. De twee kostentypen die een gebruiker van de service moet evalueren zijn de kosten die van de gebruiker geëlimineerd zijn en de kosten die aan gebruikers worden opgelegd. De kosten van de hardware en software kunnen in één van deze twee worden inbegrepen, maar ze zullen maar een deel van die kosten uitmaken. Referentie 2.5.2

V	A	Syllabus-referentie	Onderbouwing
25	C	6.1.n	A. Onjuist. "Het doel van de problem management practice is het verminderen van de waarschijnlijkheid en de impact van incidenten door werkelijke en mogelijke oorzaken van incidenten te identificeren en workarounds en known errors te beheren." Referentie 5.2.8 B. Onjuist. "Het doel van de change enablement practice is het maximaliseren van het aantal succesvolle services en productwijzigingen door ervoor te zorgen dat risico's goed worden beoordeeld, changes worden goedgekeurd en het wijzigingsplan wordt gemanaged." Referentie 5.2.4 C. Juist. "Het doel van de service desk practice is het vastleggen van de vraag naar incidentoplossing en servicerequests. Het moet ook het toegangspunt en single point of contact van de serviceprovider met al zijn gebruikers zijn." Referentie 5.2.14 D. Onjuist. "Het doel van de service level management practice is het vaststellen van duidelijke business gebaseerde doelen voor prestaties van services, zodat de levering van een service goed tegen deze doelen beoordeeld, gemonitord en gemanaged kan worden." Referentie 5.2.15
26	B	7.1.a	A. Onjuist. De richtlijnen beschrijven hoe er veel methoden zijn die gebruikt kunnen worden voor verbeteringsinitiatieven en waarschuwt tegen het gebruik van te veel methoden. Verder wordt er verklaard dat "Verschillende typen verbeteringen andere verbeteringsmethoden kunnen vereisen". Het telkens weer een nieuwe methode gebruiken is daarom ongeschikt. Referentie 5.1.2 B. Juist. De richtlijnen beschrijven hoe er veel methoden zijn die gebruikt kunnen worden voor verbeteringsinitiatieven en waarschuwt tegen het gebruik van te veel methoden. De richtlijnen geven aan dat "Het een goed idee is om een aantal methoden te selecteren die geschikt zijn voor de typen verbeteringen die de organisatie doorgaans behandelt en om die methoden te cultiveren". Referentie 5.1.2 C. Onjuist. De richtlijnen beschrijven hoe er veel methoden zijn die gebruikt kunnen worden voor verbeteringsinitiatieven en waarschuwt tegen het gebruik van te veel methoden. Referentie 5.1.2 D. Onjuist. De richtlijnen beschrijven hoe er veel methoden zijn die gebruikt kunnen worden voor verbeteringsinitiatieven en waarschuwt tegen het gebruik van te veel methoden. Verder wordt er verklaard dat "Verschillende typen verbeteringen andere verbeteringsmethoden kunnen vereisen". Het selecteren van een enkele methode is daarom ongeschikt. Referentie 5.1.2

Het ITIL® 4 Foundation-examen

V	A	Syllabus-referentie	Onderbouwing
27	D	4.1	A. Onjuist. De zeven richtinggevende principes zijn 'concentreer op waarde', 'begin waar je bent', 'maak iteratieve voortgang met feedback', 'werk samen en maak het zichtbaar', 'denk en werk holistisch', 'houd het eenvoudig en praktisch' en 'optimaliseer en automatiseer'. Referentie 4.3 B. Onjuist. De vier dimensies van service management zijn 'organisaties en mensen', 'informatie en technologie', 'partners en leveranciers' en 'waardestromen en processen'. Referentie 3.1-3.4 C. Onjuist. De activiteiten van de servicewaardeketen zijn 'plannen', 'verbeteren', 'engage', 'ontwerpen en transitie', 'verkrijgen / bouwen', en 'opleveren en ondersteunen'. Referentie 4.5 D. Juist. De componenten van het service value system zijn 'richtinggevende principes', 'governance', 'servicewaardeketen', 'practices', en 'voortdurende verbetering'. Referentie 4.1
28	C	7.1.f	A. Onjuist. "Door verhoogde automatisering worden AI, robotprocesautomatisering (RPA), chatbots en servicedesks verplaatst om meer ruimte te bieden bij het zelfstandig registreren en oplossen rechtstreeks via online portalen en mobiele applicaties." Referentie 5.2.14 B. Onjuist. "De servicedesk hoeft niet zeer technisch te zijn, alhoewel sommige dit wel zijn." Referentie 5.2.14 C. Juist. "Een ander belangrijk aspect van een goede servicedesk is het praktische begrip van de bredere organisatie, de businessprocessen en de gebruikers." Referentie 5.2.14 D. Onjuist. "In sommige gevallen is de servicedesk een tastbaar team dat op één locatie werkt... In andere gevallen kunnen werknemers via een virtuele servicedesk op meerdere locaties werken, geografisch verspreid." Referentie 5.2.14

V	A	Syllabus-referentie	Onderbouwing
29	C	2.2.c	A. Onjuist. Het richtinggevend principe 'concentreer op waarde' zorgt ervoor dat u rekening houdt met alle aspecten van waarde voor de gebruiker van de service en ook voor de serviceprovider en andere stakeholders. De organisatie van werk in kleinere, handelbare stukken die tijdig uitgevoerd en voltooid kunnen worden, wordt niet specifiek beschreven. Referentie 4.3.1 B. Onjuist. Het richtinggevende principe 'begin waar je bent' helpt verspillingen te vermijden en bestaande services, processen, mensen, tools, etc. te benutten. De organisatie van werk in kleinere, handelbare stukken die tijdig uitgevoerd en voltooid kunnen worden, wordt niet specifiek beschreven. Referentie 4.3.2 C. Juist. De beschrijving van het richtinggevende principe 'maak iteratieve voortgang met feedback' geeft aan dat "door het werk in kleinere, handelbare stukken die uitgevoerd en tijdig voltooid kunnen worden, te verdelen, de concentratie op elke inspanning scherper en gemakkelijker vol valt te houden." Referentie 4.3.3 D. Onjuist. Het richtinggevende principe 'werk samen en maak het zichtbaar' helpt bij het betrekken van de juiste mensen en biedt een betere besluitvorming en een grotere waarschijnlijkheid op succes. De organisatie van werk in kleinere, handelbare stukken die tijdig uitgevoerd en voltooid kunnen worden, wordt niet specifiek beschreven. Referentie 4.3.4
30	A	7.1.b	A. Juist. "Dit zijn vooraf geautoriseerde changes met een laag risico die goed worden begrepen en volledig zijn gedocumenteerd, en die zonder aanvullende autorisatie geïmplementeerd kunnen worden. Ze worden vaak als servicerequests aangeduid, maar ze kunnen ook operationele changes zijn. Wanneer de procedure voor een standaardchange gemaakt of bewerkt wordt, dient er zoals voor iedere andere change een volledige risico-assessment en autorisatie uitgevoerd te worden Deze risico-assessment hoeft niet herhaald te worden voor iedere keer dat de standaardchange wordt geïmplementeerd. Het hoeft alleen maar uitgevoerd te worden als de manier van uitvoering is aangepast." Referentie 5.2.4 B. Onjuist. Normale changes zijn "changes die gepland, beoordeeld en geautoriseerd moeten worden." Referentie 5.2.4 C. Onjuist. Een emergency change die nodig is om een incident op te lossen, moet nog steeds beoordeeld en geautoriseerd worden. Voor zover dit mogelijk is, moeten emergency changes onderworpen worden aan dezelfde testen, assessment en autorisatie als normale changes". Referentie 5.2.4 D. Onjuist. Dit is een beschrijving van een normale change: "changes die gepland, beoordeeld en geautoriseerd moeten worden". Referentie 5.2.4

Het ITIL® 4 Foundation-examen

V	A	Syllabus-referentie	Onderbouwing
31	C	7.1.d	A. Onjuist. Een request for change wordt alleen gemeld als het gerechtvaardigd is. "Error control houdt ook in dat mogelijke permanente oplossingen worden geïdentificeerd die mogelijk een request for change voor de implementatie van een oplossing tot gevolg hebben. Dit gebeurt echter alleen als dit wat betreft kosten, risico's en voordelen gerechtvaardigd kan worden". Referentie 5.2.8 B. Onjuist. De 'incident management' practice herstelt service en niet de 'problem management' practice. "Het doel van de incident management practice is het minimaliseren van de negatieve impact van incidenten door de normale serviceverlening zo snel mogelijk te herstellen". Referentie 5.2.5 C. Juist. "Een effectieve incident workaround kan een permanente manier van handelen bij sommige problemen worden wanneer het oplossen van het probleem niet haalbaar of kosteneffectief is. In dit geval blijft de problem in de status known error en de gedocumenteerde workaround wordt toegepast als gerelateerde incidenten voorkomen". Referentie 5.2.8 D. Onjuist. De problem record wordt niet verwijderd. "Workarounds worden in problem records gedocumenteerd". "..de problem blijft in de status known error en de gedocumenteerde workaround wordt toegepast als gerelateerde incidenten voorkomen". Referentie 5.2.8
32	A	6.2.d	A. Juist. Een change is de "toevoeging, aanpassing of verwijdering van alles wat een direct of indirect effect kan hebben op services". Referentie 5.2.4 B. Onjuist. "Het doel van de service configuration management practice is om ervoor te zorgen dat, wanneer en waar nodig, nauwkeurige en betrouwbare informatie beschikbaar is over de configuratie van services en de configuratie-items die deze ondersteunen." Referentie 5.2.11 C. Onjuist. "Het doel van de release management practice is het beschikbaar stellen van nieuwe en gewijzigde services en functionaliteiten voor gebruik". Referentie 5.2.9 D. Onjuist. "Het doel van de deployment management practice is om nieuwe of gewijzigde hardware, software, documentatie, processen of enig andere component naar een productieomgeving te verplaatsen." Referentie 5.3.1

V	A	Syllabus-referentie	Onderbouwing
33	A	6.2.b	A. Juist. "Een event kan gedefinieerd worden als een verandering van een toestand die betekenis heeft voor het management van een service of een ander configuratie-item (CI)". Referentie 5.2.7 B. Onjuist. De definitie van een configuratie-item is "iedere component die gemanaged moet worden om een IT-service op te kunnen leveren." Referentie 5.2.11 C. Onjuist. Een incident is "Een ongeplande onderbreking van een service of kwaliteitsvermindering van een service." Referentie 5.2.5 D. Onjuist. Een IT-asset is "Iedere component met een financiële waarde die kan bijdragen aan de oplevering van een IT-product of IT-service." Referentie 5.2.11
34	C	1.2.d	A. Onjuist. "Een tastbare of niet-tastbare deliverable van een activiteit" is de definitie van een output en niet van een uitkomst. Referentie 2.5.1 B. Onjuist. "De functionaliteit die een product of service biedt om aan een bepaalde behoefte te voldoen" is de definitie van een utility en niet van een uitkomst. De utility van een service kan uitkomsten faciliteren. Referentie 2.5.4 C. Juist. Een uitkomst is "een resultaat dat door een stakeholder wordt behaald en mogelijk is gemaakt door een of meer outputs". De definitie van een service beschrijft hoe de waarde van een service de co-creatie van waarde mogelijk maakt door uitkomsten die klanten willen bereiken te faciliteren. Referentie 2.5.1 D. Onjuist. Een product is "een configuratie van de resources van een organisatie die is bedoeld om waarde voor een gebruiker te bieden." Referentie 2.3.1
35	D	3.1.b	A. Onjuist. "De uitdagingen van informatiemanagement, zoals de uitdagingen die door security- en wettelijke compliancevereisten naar voren komen, zijn ook een focus van [de 'informatie en technologie'] dimensie". Referentie 3.2 B. Onjuist. "De technologieën die service management ondersteunen omvatten, maar zijn niet beperkt tot, workflow management systems, kennisbanken, inventarisatiesystemen, communicatiesystemen en analytische tools". Referentie 3.2 C. Onjuist. "De technologieën die service management ondersteunen omvatten, maar zijn niet beperkt tot, workflow management systems, kennisbanken, inventarisatiesystemen, communicatiesystemen en analytische tools." Referentie 3.2 D. Juist. "De dimensie organisaties en mensen van een service omvat rollen en verantwoordelijkheden, formele organisatiestructuren, cultuur en vereiste personeelsbezetting en vaardigheden die allemaal gerelateerd zijn aan de creatie, oplevering en verbetering van een service." Referentie 3.1

Het ITIL® 4 Foundation-examen

V	A	Syllabus-referentie	Onderbouwing
36	D	7.1.d	D. Juist. (1) "Problem management activiteiten kunnen verbeteringsmogelijkheden in alle vier dimensies van service management identificeren. Oplossingen kunnen in sommige gevallen als verbeteringsmogelijkheden worden behandeld, zodat ze in het register voor voortdurende verbeteringen (CIR) worden opgenomen en zodat de technieken voor voortdurende verbetering worden gebruikt om ze te prioriteren en te managen." (4) "Error control bevat ook identificatie van potentiële permanente oplossingen die een request for change voor de implementatie van een oplossing als gevolg kan hebben. Referentie 5.2.8 A, B C. Onjuist. (2) "Het doel van de service request management practice is het ondersteunen van de overeengekomen kwaliteit van een service door alle vooraf gedefinieerde en door de gebruiker-geïnitieerde servicerequests op een effectieve en gebruikersvriendelijke manier af te handelen." Referentie 5.2.16 (3) "Het doel van de service level management practice is het vaststellen van duidelijke business gebaseerde doelen voor prestaties van services, zodat de levering van een service goed tegen deze doelen beoordeeld, gemonitord en gemanaged kan worden." Referentie 5.2.15
37	B	2.2.f	A. Onjuist. "Het is vaak te ingewikkeld om voor iedere afwijking een oplossing te bieden Wanneer ontwerpers een proces of service creëren, moeten ze nadenken over de afwijkingen, maar niet alle afwijkingen kunnen meegenomen worden. In plaats daarvan moeten er regels ontworpen worden die alle afwijkingen in het algemeen kunnen behandelen." Referentie 4.3.6 B. Juist. Het richtinggevende principe 'houd het eenvoudig en praktisch' geeft aan: "Tijdens de analyse van een practice, proces, service, metric, of ander verbeterdoelstelling moet er altijd worden gevraagd of het een bijdrage levert aan de waardecreatie." Referentie 4.3.6.1 C. Onjuist. "Tijdens het ontwerpen, beheren of bedienen van practices moet er rekening worden gehouden met tegenstrijdige doelstellingen ... de organisatie moet overeenstemming bereiken over de balans tussen de concurrerende doelstellingen." Referentie 4.3.6.2 D. Onjuist. "Het is beter om met een ongecompliceerde aanpak te beginnen en om daarna voorzichtig controles, activiteiten of metrics toe te voegen indien deze werkelijk vereist zijn." Referentie 4.3.6.1

V	A	Syllabus-referentie	Onderbouwing
38	C	2.2.a	A. Onjuist. Het is essentieel om te bepalen wie de gebruiker van de service is en waaraan hij/zij waarde hecht. De uitkomsten moeten op dit begrip worden gebaseerd, in plaats van worden vastgesteld. "De eerste stap bij concentreren op waarde is de kennis aan wie geleverd wordt. Daarom moet de serviceprovider in iedere situatie vaststellen wie de gebruiker van de service is". Referentie 4.3.1.1 B. Onjuist. Leveranciers en partners zijn mogelijke stakeholders, maar het is van belang om de gebruiker van de service eerst te identificeren. "De eerste stap bij concentreren op waarde is de kennis aan wie geleverd wordt. Daarom moet de serviceprovider in iedere situatie vaststellen wie de gebruiker van de service is". Referentie 4.3.1.1 C. Juist. "De eerste stap bij concentreren op waarde is de kennis aan wie geleverd wordt. Daarom moet de serviceprovider in iedere situatie vaststellen wie de gebruiker van de service is". Referentie 4.3.1.1 D. Onjuist. De kosten van het leveren van de service kunnen enige invloed hebben op de waarde vanuit het perspectief van de serviceprovider. Maar "De eerste stap bij concentreren op waarde is de kennis aan wie de service wordt geleverd. Daarom moet de serviceprovider in iedere situatie vaststellen wie de gebruiker van de service is". Referentie 4.3.1.1
39	D	1.3.a	A. Onjuist. De combinatie van dingen die bij deze optie wordt geschreven, kan waarde helpen creëren, maar het is geen voorbeeld van waarde. Waarde is "het waargenomen benefit, nut en belang van iets." Referentie 2.1 B. Onjuist. De combinatie van dingen die bij deze optie worden geschreven, kan een uitkomst helpen creëren, maar het is geen voorbeeld van een uitkomst. Uitkomst is "een resultaat dat door een stakeholder wordt behaald en mogelijk is gemaakt door een of meer outputs." Referentie 2.5.1 C. Onjuist. Warranty betekent "garantie dat een product of service aan de overeengekomen vereisten voldoet." Nieuwe functionaliteit kan de warranty mogelijk beïnvloeden. Referentie 2.5.4 D. Juist. Serviceproviders bepalen combinaties van goederen, toegang tot resources en service actions, om aan de behoeften van verschillende gebruikersgroepen te voldoen. Deze combinaties worden serviceaanbiedingen genoemd. Referentie 2.3.2

Het ITIL® 4 Foundation-examen

V	A	Syllabus-referentie	Onderbouwing
40	B	1.1.c	A. Onjuist. Een output is "Een tastbare of niet-tastbare deliverable van een activiteit". Referentie 2.5.1 B. Juist. Warranty betekent "garantie dat een product of service aan de overeengekomen vereisten voldoet." Referentie 2.5.4 C. Onjuist. Een risico is "een mogelijke event dat schade of verlies kan toebrengen, of op negatieve wijze het vermogen beïnvloedt om doelstellingen te realiseren". Referentie 2.5.3 D. Onjuist. Utility is "de functionaliteit die een product of service biedt om aan een bepaalde behoefte te voldoen". Referentie 2.5.4

Het ITIL® 4 Foundation-examen

Voorbeeldexamen 2

Vragenboekje

Meerkeuze

Examenduur: 1 uur

Instructies

1. Alle 40 vragen moeten worden ingevuld. Elke vraag is één punt waard.
2. Er is slechts één juist antwoord voor elke vraag.
3. U dient 26 vragen juist te beantwoorden om voor het examen te slagen.
4. Vul uw antwoorden in op het bijgeleverde antwoordblad. Gebruik een potlood (GEEN pen).
5. U hebt 1 uur om dit examen te voltooien.
6. Dit is een 'gesloten boek-examen'. Er mag geen ander materiaal dan het examenblad worden gebruikt.

Het ITIL® 4 Foundation-examen

1) Wat is het effect van verhoogde automatisering op de 'service desk' practice?

   A. Grotere mogelijkheid om te focussen op de klantervaring wanneer persoonlijk contact nodig is
   B. Daling van het zelf registreren en oplossen van een incident
   C. Verhoogde mogelijkheid om te focussen op het repareren van technologie in plaats van het ondersteunen van mensen
   D. Het elimineren van de noodzaak om incidenten te laten escaleren naar ondersteuningsteams

2) Welke term beschrijft de functionaliteit die door een service wordt aangeboden?

   A. Kosten
   B. Utility
   C. Warranty
   D. Risico

3) Wat is het doel van de 'monitoring and event management' practice?

   A. Ervoor zorgen dat nauwkeurige en betrouwbare informatie over de configuratie van services beschikbaar is wanneer en waar het nodig is
   B. Systematisch observeren van (componenten van) services en het registreren en vastleggen van geselecteerde statuschanges
   C. De bescherming van informatie die de organisatie nodig heeft om de business te leiden
   D. De negatieve impact van incidenten minimaliseren door de normale serviceverlening zo snel mogelijk te herstellen

4) Waarop dienen alle 'voortdurende verbeteringsbesluiten' gebaseerd te zijn?

   A. Details van het meten van services
   B. Nauwkeurig en zorgvuldig geanalyseerde gegevens
   C. Een actuele balanced scorecard (BSC)
   D. Een recente volwassenheidsassessment

5) Hoe worden inputs getransformeerd tot outputs door waardeketenactiviteiten?

   A. Door de servicevraag te bepalen
   B. Door een combinatie van practices te gebruiken
   C. Door één functioneel team te gebruiken
   D. Door procesautomatisering te implementeren

6) Hoe draagt het betrekken van de klant bij aan de 'service level management' practice?

   1. Het legt informatie vast waarop metrics gebaseerd kunnen worden
   2. Het garandeert dat de organisatie voldoet aan de gedefinieerde servicelevels
   3. Het definieert de workflows voor servicerequests
   4. Het ondersteunt voortgangsgesprekken

   A. 1 en 2
   B. 2 en 3
   C. 3 en 4
   D. 1 en 4

7) Wat is het startpunt voor optimalisatie?

   A. Stakeholderbetrokkenheid waarborgen
   B. De visie en doelstellingen van de organisatie begrijpen
   C. Bepalen waar de meeste positieve impact zou plaatsvinden
   D. Practices en services standaardiseren

8) Identificeer de ontbrekende woorden in de volgende zin:

   Het doel van [?] is om ervoor te zorgen dat de organisatie voortdurend waarde co-creëert met alle stakeholders, afgestemd op de doelstellingen van de organisatie.

   A. het richtinggevend principe 'concentreer op waarde'
   B. de vier dimensies van service management
   C. het service value system
   D. de 'service request management' practice

9) Welke practice biedt ondersteuning voor het beheer van feedback, complimenten en klachten van gebruikers?

   A. Change enablement
   B. Service request management
   C. Problem management
   D. Incident management

10) Welke gezamenlijke activiteit die wordt uitgevoerd door een serviceprovider en gebruiker van de service zorgt voor een voortdurende co-creatie van waarde?

    A. Serviceverlening
    B. Serviceconsumptie
    C. Serviceaanbod
    D. Service relationship management

11) Welke practice kan een initiatie van rampherstel met zich meebrengen?

    A. Incident management
    B. Service request management
    C. Service level management
    D. IT asset management

12) Welke vorm van change wordt MEEST waarschijnlijk gemanaged door de 'service request management' practice?

    A. Een normale change
    B. Een emergency change
    C. Een standaardchange
    D. Een applicatie change

13) Welk richtinggevend principe benadrukt de noodzaak om de flow van werk in uitvoering te begrijpen, knelpunten te identificeren, en verspilling te onthullen?

   A. Concentreer op waarde
   B. Werk samen en maak het zichtbaar
   C. Denk en werk holistisch
   D. Houd het eenvoudig en praktisch

14) Door welk middel kan co-creatie van waarde mogelijk gemaakt worden door het faciliteren van uitkomsten die klanten willen bereiken?

   A. Een service
   B. Een output
   C. Een practice
   D. Continual improvement

15) Welke stelling over change-autorisatie is JUIST?

   A. Een change authority dient aan elk wijzigingstype en change model te worden toegekend
   B. Het centraliseren van change-autorisatie naar één persoon is de meest effectieve manier van autorisatie
   C. De autorisatie van normale changes dient bevorderd te worden zodat de wijzigingen snel geïmplementeerd kunnen worden
   D. Standaardchanges hebben een verhoogd risico en dienen geautoriseerd te worden door het hoogste niveau van change authority

16) Welke dimensie van service management houdt rekening met governance, management, en communicatie?

   A. Organisaties en mensen
   B. Informatie en technologie
   C. Partners en leveranciers
   D. Waardestromen en processen

Het ITIL® 4 Foundation-examen

17) Identificeer het ontbrekende woord in de volgende zin:

    Een known error is een problem dat [?] en niet opgelost is.

    A. gelogd
    B. geanalyseerd
    C. geëscaleerd
    D. gesloten

18) Welke stelling over de known errors en problems is JUIST?

    A. Known error is de status die aan een problem wordt toegekend nadat deze is geanalyseerd
    B. Een known error is de oorzaak van één of meer problems
    C. Known errors veroorzaken kwetsbaarheden, problems veroorzaken incidenten
    D. Known errors worden gemanaged door het technische personeel, problems worden gemanaged door personeel van het service management

19) Waar hangt de 'service request management' practice van af voor maximale efficiëntie?

    A. Complimenten en klachten
    B. Zelfbedieningstools
    C. Processen en procedures
    D. Incident management

20) Welke stelling over de 'service desk' practice is JUIST?

    A. De practice biedt een koppeling met stakeholders op strategische en tactische niveaus
    B. De practice draagt change assessment en autorisatie uit
    C. De practice onderzoekt de oorzaak van incidenten
    D. De practice heeft een praktische kennis van de businessprocessen nodig

21) Welke practice garandeert de beschikbaarheid van nauwkeurige en betrouwbare informatie over configuratie-items en de relaties ertussen?

   A. Service configuration management
   B. Servicedesk
   C. IT asset management
   D. Monitoring and event management

22) Welke practice heeft een doel dat inhoudt dat normale serviceverlening zo snel mogelijk te herstellen?

   A. Supplier management
   B. Deployment management
   C. Problem management
   D. Incident management

23) Identificeer het ontbrekende woord in de volgende zin:

   Een klant is de rol die de vereisten voor een service definieert en verantwoordelijkheid neemt voor de [?] van serviceconsumptie.

   A. outputs
   B. uitkomsten
   C. kosten
   D. risico's

24) Welk richtinggevend principe beschrijft het belang van iets uitvoeren, in plaats van een lange tijd doorbrengen met het analyseren van verschillende opties?

   A. Optimaliseer en automatiseer
   B. Begin waar je bent
   C. Concentreer op waarde
   D. Maak iteratieve voortgang met feedback

Het ITIL® 4 Foundation-examen

25) Wat moet worden gedaan voor elk problem?

   A. Het probleem dient vastgesteld te worden om mogelijke oplossingen te identificeren
   B. Het probleem dient geprioriteerd te worden op basis van de mogelijke impact en waarschijnlijkheid
   C. Het probleem dient opgelost te worden zodat het gesloten kan worden
   D. Het probleem dient een workaround te hebben om de impact te verminderen

26) Hoe kan een organisatie externe leveranciers betrekken bij de voortdurende verbetering van services?

   A. Ervoor zorgen dat leveranciers details van hun aanpak van serviceverbetering in contracten opnemen
   B. Bewijs vereisen dat de leverancier gebruik maakt van agile ontwikkelingsmethoden
   C. Bewijs vereisen dat de leverancier alle verbeteringen implementeert door middel van project management practices
   D. Ervoor zorgen dat alle problem managementactiviteiten van de leverancier op verbeteringen uitlopen

27) Welke overwegingen beïnvloeden de leveranciersstrategie van een organisatie?

   A. Contracten en overeenkomsten
   B. Type samenwerking met leveranciers
   C. Bedrijfscultuur van de organisatie
   D. Formaliteitsniveau

28) Wat is een problem?

   A. Een toevoeging of aanpassing die invloed heeft op services
   B. Een verandering van een toestand die betekenis heeft voor het managen van een configuratie-item
   C. Een oorzaak of mogelijke oorzaak van één of meer incidenten
   D. Een ongeplande kwaliteitsvermindering van een service

29) Wat is het doel van de 'relationship management' practice?

   A. De practices en services van de organisatie afstemmen op veranderende businessbehoeften
   B. Relaties tussen een organisatie en haar stakeholders opbouwen en onderhouden op strategisch en tactisch niveau
   C. De waarschijnlijkheid en de impact van incidenten verminderen door werkelijke en mogelijke oorzaken van incidenten te identificeren en workarounds en known errors te managen
   D. De negatieve impact van incidenten minimaliseren door de normale serviceverlening zo snel mogelijk te herstellen

30) Welke van de volgende mogelijkheden is bedoeld om een organisatie te helpen bij het toepassen en aanpassen van ITIL-richtlijnen?

   A. De vier dimensies van service management
   B. De richtinggevende principes
   C. De servicewaardeketen
   D. Practices

31) Wat is een output?

   A. Een verandering van een toestand die betekenis heeft voor het managen van een configuratie-item
   B. Een mogelijk event dat schade of verlies kan veroorzaken
   C. Een resultaat voor een stakeholder
   D. Iets wat teweeggebracht wordt door het uitvoeren van een activiteit

32) Wat is de reden voor het gebruik van een gebalanceerde bundel service metrics?

   A. Het vermindert het aantal metrics die verzameld moeten worden
   B. Het rapporteert elk service-element afzonderlijk
   C. Het biedt een op uitkomsten gebaseerde weergave van services
   D. Het faciliteert de automatische verzameling van metrics

Het ITIL® 4 Foundation-examen

33) Waarom moeten incidenten prioriteit krijgen?

   A. Dit helpt bij het automatisch koppelen van incidenten aan problems of known errors
   B. Om te identificeren aan welk ondersteuningsteam het incident geëscaleerd moet worden
   C. Dit zorgt ervoor dat incidenten met de hoogste businessimpact eerst worden opgelost
   D. Om een hoog samenwerkingsniveau binnen en tussen teams te bevorderen

34) Welke practice heeft een doel dat de organisatie helpt bij het maximaliseren van waarde, beheersen van kosten en managen van risico's?

   A. Relationship management
   B. IT asset management
   C. Release management
   D. Servicedesk

35) Waarom moet het personeel van servicedesks terugkerende issues detecteren?

   A. Om te helpen bij het identificeren van problems
   B. Om incidenten naar het juiste ondersteuningsteam te escaleren
   C. Om ervoor te zorgen dat servicerequests effectief behandeld worden
   D. Om de juiste change authority te betrekken

36) Welke waardeketenactiviteit communiceert de huidige status van alle vier dimensies van service management?

   A. Verbeteren
   B. Engage
   C. Verkrijgen / bouwen
   D. Plannen

37) Welk richtinggevend principe houdt zich VOORNAMELIJK bezig met gebruikers opbrengst en groei?

   A. Houd het eenvoudig en praktisch
   B. Optimaliseer en automatiseer
   C. Maak iteratieve voortgang met feedback
   D. Concentreer op waarde

38) Welke practice zorgt voor zichtbaarheid van de services van de organisatie door serviceprestaties vast te leggen en te rapporteren?

   A. Servicedesk
   B. Service level management
   C. Service request management
   D. Service configuration management

39) Wat is het BESTE voorbeeld van een emergency change?

   A. De implementatie van een geplande nieuwe release van een softwaretoepassing
   B. Een computer-upgrade met een laag risico die als een servicerequest geïmplementeerd is
   C. De implementatie van een security (beveiligings-)patch naar een kritieke softwaretoepassing
   D. Een geplande grote implementatie van hardware en software

40) Welk richtinggevend principe adviseert het beoordelen van de huidige status en besluiten wat hergebruikt kan worden?

   A. Concentreer op waarde
   B. Begin waar je bent
   C. Werk samen en maak het zichtbaar
   D. Maak iteratieve voortgang met feedback

Het ITIL® 4 Foundation-examen

Voorbeeldexamen 2

Antwoorden en onderbouwing

Voor examen: NL_ITIL4_FND_2019_SamplePaper2_QuestionBk_v1.2.1

V	A	Syllabus-referentie	Onderbouwing
1	A	7.1.f	A. Juist. "Bij verhoogde automatisering … is de impact op servicedesks verminderd telefooncontact, minder werk van laag niveau, en een grotere mogelijkheid om op uitstekende CX te concentreren als persoonlijk contact nodig is." Referentie 5.2.14 B. Onjuist. Het effect van automatisering is om zelfbediening te verhogen, niet om het te verlagen. "Door verhoogde automatisering worden AI, robotprocesautomatisering (RPA), chatbots en servicedesks verplaatst om meer ruimte te bieden bij het zelfstandig registreren en oplossen rechtstreeks via online portalen en mobiele applicaties". Referentie 5.2.14 C. Onjuist. Het tegenovergestelde is waar. "Door verhoogde automatisering en de geleidelijke verwijdering van technische schuld zal de servicedesk zich concentreren op het bieden van ondersteuning voor 'mensen en business' in plaats van alleen op technische issues". Referentie 5.2.14 D. Onjuist. Het gebruik van automatisering elimineert de behoefte voor het escaleren van incidenten niet. "Een belangrijk punt om te begrijpen is dat, hoe efficiënt de servicedesk en haar medewerkers ook zijn, er zullen altijd issues zijn die escalatie vereisen en ondersteuning van andere teams nodig hebben". Referentie 5.2.14
2	B	1.2.g	A. Onjuist. Kosten betekent "de hoeveelheid geld die is uitgegeven aan een bepaalde activiteit of resource." Referentie 2.5.2 B. Juist. Utility betekent "de aangeboden functionaliteit door een product of service." Referentie 2.5.4 C. Onjuist. Warranty betekent "Garantie dat een product of service aan de overeengekomen vereisten voldoet." Referentie 2.5.4 D. Onjuist. Een risico is "Een mogelijk event dat schade of verlies kan toebrengen, of het moeilijker maakt om doelstellingen te realiseren." Referentie 2.5.3

Het ITIL® 4 Foundation-examen

V	A	Syllabus-referentie	Onderbouwing
3	B	6.1.e	A. Onjuist. "Het doel van de service configuration management practice is om ervoor te zorgen dat, wanneer en waar nodig, nauwkeurige en betrouwbare informatie beschikbaar is over de configuratie van services en de configuratie-items die deze ondersteunen." Referentie 5.2.11 B. Juist. "Het doel van de monitoring and event management practice is de systematische observatie van (componenten van) services en het vastleggen en rapporteren van geselecteerde statuschanges die als events zijn gedefinieerd." Referentie 5.2.7 C. Onjuist. "Het doel van de information security management practice is de bescherming van de informatie die de organisatie nodig heeft om de business te leiden." Referentie 5.1.3 D. Onjuist. "Het doel van de incident management practice is het minimaliseren van de negatieve impact van incidenten door de gewoonlijke serviceproductie zo snel mogelijk te herstellen." Referentie 5.2.5
4	B	7.1.a	A. Onjuist. De manier waarop services worden gemeten is belangrijk, maar alleen nauwkeurige gegevens kunnen op feiten gebaseerde besluiten ter verbetering aansturen. Referentie 5.1.2 B. Juist. "Nauwkeurige gegevens die zorgvuldig geanalyseerd en begrepen worden zijn de basis van op feiten gebaseerde besluitvorming voor verbetering." De 'continual improvement' practice moet ondersteund worden door relevante gegevensbronnen en door deskundige gegevensanalyses om te garanderen dat elke mogelijke verbeteringssituatie voldoende begrepen wordt. Referentie 5.1.2 C. Onjuist. Een balanced scorecard (BSC) is een input bij de besluitvorming, maar op zichzelf staand is het geen basis voor de op feiten gebaseerde besluiten. Referentie 5.1.2 D. Onjuist. Volwassenheidsassessments zijn nuttig, maar bieden slechts een stukje informatie en bieden geen basis voor besluitvorming in de continual improvement practice. Referentie 5.1.2

V	A	Syllabus-referentie	Onderbouwing
5	B	5.1	A. Onjuist. De vraag is de input voor de servicewaardeketen. Waardeketenactiviteiten vertegenwoordigen de stappen die een organisatie onderneemt bij het creëren van waarde. Elke activiteit draagt bij aan de waardeketen door specifieke inputs in outputs te transformeren." Referentie 4.5 B. Juist. "Om inputs in outputs te transformeren, gebruiken de waardeketenactiviteiten verschillende combinaties van ITIL-practices." Referentie 4.5 C. Onjuist. Het maakt gebruik van diverse resources van verschillende practices waar nodig. "Om inputs in outputs te transformeren, gebruiken de waardeketenactiviteiten verschillende combinaties van ITIL practices (sets van resources voor het uitvoeren van diverse typen werk), die gebruik maken van interne of externe resources, processen en vaardigheden zoals vereist." Referentie 4.5 D. Onjuist. Het richtinggevend principe 'optimaliseer en automatiseer' beveelt aan dat activiteiten geautomatiseerd moeten worden waar dit praktisch is, maar de servicewaardeketen vereist geen automatisering. "Men moet niet altijd op technologie vertrouwen zonder het vermogen van menselijke interventie, omdat automatisering om te automatiseren kosten kan verhogen en de robuustheid en veerkracht van de organisatie kan verminderen." Referentie 4.3.7
6	D	7.1.g	D. Juist. (1) (4) "Betrekken van de klant: dit behelst eerst luisteren, vervolgens ontdekken en vastleggen van informatie op basis waarvan metrics, metingen en continue voortgangsgesprekken worden gebaseerd." Referentie 5.2.15.1 A, B, C. Onjuist. (2) Service level management "zorgt ervoor dat de organisatie voldoet aan de gedefinieerde servicelevels door middel van het verzamelen, analyseren, opslaan en rapporteren van de relevante metrics voor de geïdentificeerde services," niet alleen door middel van het betrekken van de klant. Referentie 5.2.15 (3) Mogelijk worden de vereisten voor servicerequests gedefinieerd, maar het definiëren van de workflow is onderdeel van 'service request management'. "Wanneer er nieuwe servicerequests aan de servicecatalogus toegevoegd moeten worden, moeten bestaande workflowmodellen zoveel mogelijk benut worden." Referentie 5.2.16

Het ITIL® 4 Foundation-examen

V	A	Syllabus-referentie	Onderbouwing
7	B	2.2.g	A. Onjuist. Dit is stap 4 van het principe 'optimaliseer en automatiseer': "Zorg ervoor dat de optimalisering het juiste niveau van stakeholderbetrokkenheid en commitment heeft." Referentie 4.3.7.1 B. Juist. De eerste stap van het principe 'optimaliseer en automatiseer' is: "Begrijp en ga akkoord met de context waarop de voorgestelde optimalisering betrekking heeft." Dit omvat akkoord gaan met de algemene visie en doelstellingen van de organisatie." Referentie 4.3.7.1 C. Onjuist. Dit is stap 2 van het principe 'optimaliseer en automatiseer': "Beoordeel de huidige status van de voorgestelde optimalisering. Dit helpt bij het begrijpen waar het verbeterd kan worden en welke verbeteringsmogelijkheden waarschijnlijk de grootste positieve impact produceren." Referentie 4.3.7.1 D. Onjuist. Dit is stap 3 van het principe 'optimaliseer en automatiseer': "Akkoord gaan met wat de toekomstige status en prioriteiten van de organisatie zouden moeten zijn, concentrerend op vereenvoudiging en waarde. Dit bevat doorgaans ook de standaardisatie van practices en services, waardoor automatisering of optimalisering op een later tijdstip gemakkelijker wordt gemaakt." Referentie 4.3.7.1
8	C	4.1	A. Onjuist. Het richtinggevend principe 'concentreer op waarde' leidt een organisatie in de richting die de behoeften van de gebruiker van de service in het oog te houdt. Het kan niet garanderen dat de organisatie voortdurend waarde co-creëert met alle stakeholders. Referentie 4.3.1 B. Onjuist. De vier dimensies "vertegenwoordigen perspectieven die relevant zijn voor de hele SVS, inclusief het geheel van de service-waardeketen en alle ITIL-practices." Ze garanderen niet dat de organisatie voortdurend waarde co-creëert met alle stakeholders. Referentie 3 C. Juist. "Het doel van de SVS is het garanderen dat de organisatie voortdurend waarde co-creëert met alle stakeholders door middel van het gebruik en management van producten en services." Referentie 4.1 D. Onjuist. Het doel van de 'service request management practice is het "ondersteunen van de overeengekomen kwaliteit van een service door alle vooraf gedefinieerde, gebruiker-geïnitieerde servicerequests op een effectieve en gebruikersvriendelijke manier af te handelen." Het garandeert niet dat de organisatie voortdurend waarde co-creëert met alle stakeholders. Referentie 5.2.16

V	A	Syllabus-referentie	Onderbouwing
9	B	7.1.e	A. Onjuist. "Het doel van de change enablement practice is het maximaliseren van het aantal succesvolle changes in producten en services door ervoor te zorgen dat risico's goed worden beoordeeld, changes worden goedgekeurd en het wijzigingsplan wordt gemanaged." Referentie 5.2.4 B. Juist. "Het doel van de service request management practice is het ondersteunen van de overeengekomen kwaliteit van een service door alle vooraf gedefinieerde en door de gebruiker geïnitieerde servicerequests op een effectieve en gebruikersvriendelijke manier af te handelen," en "Elk servicerequest kan één of meer van de volgende zaken omvatten: ... feedback, complimenten, en klachten (bijvoorbeeld klachten over een nieuwe interface of complimenten aan een ondersteuningsteam)." Referentie 5.2.16 C. Onjuist. "Het doel van de problem management practice is het verminderen van de waarschijnlijkheid en de impact van incidenten door werkelijke en mogelijke oorzaken van incidenten te identificeren en workarounds en known errors te managen." Referentie 5.2.8 D. Onjuist. "Het doel van de incident management practice is het minimaliseren van de negatieve impact van incidenten door de gewoonlijke serviceproductie zo snel mogelijk te herstellen." Referentie 5.2.5
10	D	1.3.b	A. Onjuist. Serviceverlening is geen gezamenlijke activiteit; deze wordt uitgevoerd door een serviceprovider. Referentie 2.4.1 B. Onjuist. Serviceconsumptie is geen gezamenlijke activiteit; deze wordt uitgevoerd door een gebruiker van de service. Referentie 2.4.1 C. Onjuist. Serviceaanbod is geen activiteit; het is "Een beschrijving van één of meer services, ontworpen om aan de behoeften van een doelgroep te voldoen. Een serviceaanbod kan goederen, toegang tot resources en service actions omvatten." Referentie 2.3.2 D. Juist. Service relationship management is "Gezamenlijke activiteiten die door een serviceprovider en een gebruiker van de service worden uitgevoerd om te zorgen voor de voortdurende co-creatie van waarde op basis van het overeengekomen en beschikbare serviceaanbod." Referentie 2.4.1

Het ITIL® 4 Foundation-examen

V	A	Syllabus-referentie	Onderbouwing
11	A	7.1.c	A. Juist. "In sommige extreme gevallen kunnen rampherstelplannen uitgevoerd worden om een incident op te lossen." Referentie 5.2.5 B. Onjuist. "Servicerequests zijn een normaal onderdeel van servicelevering en zijn geen storing of achteruitgang van de service, die als incidenten behandeld worden." Referentie 5.2.16 C. Onjuist. "Het doel van de service level management practice is het vaststellen van duidelijke businessgebaseerde doelen voor prestaties van services, zodat de oplevering van een service goed tegen deze doelen beoordeeld, gemonitord en beheerd kan worden." Referentie 5.2.15 D. Onjuist. "Het doel van de IT asset management practice is het plannen en managen van de volledige levenscyclus van alle IT-assets." Asset management "omvat de verwerving, productie, verzorging en verwijdering van bedrijfsmiddelen." Referentie 5.2.6
12	C	7.1.e	A. Onjuist. "Normale changes: dit zijn changes die gepland, beoordeeld en geautoriseerd moeten worden." Dit wordt ondersteund door de 'change enablement' practice, niet door 'service request management'. Referentie 5.2.4 B. Onjuist. "Voor zover dit mogelijk is, dienen emergency changes onderworpen te worden aan dezelfde testen, assessment en autorisatie als normale changes." Dit wordt ondersteund door de 'change enablement practice, niet door 'service request management'. Referentie 5.2.4 C. Juist. "Het vervullen van servicerequests kan changes aan services (componenten) omvatten; dit zijn doorgaans standaardchanges" en "Standaardchanges: dit zijn vooraf geautoriseerde changes met een laag risico die goed worden begrepen en volledig zijn gedocumenteerd, en die zonder aanvullende autorisatie geïmplementeerd kunnen worden. Deze worden vaak geïnitieerd als servicerequests". Referentie 5.2.16, 5.2.4 D. Onjuist. "De reikwijdte van de change enablement wordt door elke organisatie gedefinieerd. Deze omvat doorgaans alle IT-infrastructuur, toepassingen, documentatie en processen". Sommige toepassingschanges kunnen als standaardchanges gemanaged worden, maar anderen zijn normale of emergency changes en worden ondersteund door de 'change enablement' practice. Referentie 5.2.4

V	A	Syllabus-referentie	Onderbouwing
13	B	2.2.d	A. Onjuist. 'Concentreer op waarde' vermeldt dat alle verbeteringen meetbare waarde voor klanten en andere stakeholders zouden moeten opleveren, maar het benadrukt niet specifiek de behoefte om de flow van werk te begrijpen, knelpunten te identificeren, en verspilling te onthullen. Referentie 4.3.1 B. Juist. 'Werk samen en maak het zichtbaar' geeft aan dat "Onvoldoende zichtbaarheid van werk tot slechte besluitvorming leidt, wat op zijn beurt het vermogen om interne vaardigheden van de organisatie te verbeteren, beïnvloedt. Het wordt dan moeilijk om verbeteringen door te voeren, omdat het niet duidelijk is welke de meest positieve impact op resultaten zullen hebben. Om dit te vermijden, moet de organisatie kritische analyseactiviteiten uitvoeren zoals: het begrijpen van de flow van werk in uitvoering; het identificeren van knelpunten en overmatige capaciteit; en onthullen van verspilling". Referentie 4.3.4.3 C. Onjuist. 'Denk en werk holistisch' geeft aan dat de organisatie op een geïntegreerde manier aan het geheel moet werken, niet slechts aan delen, maar het benadrukt niet specifiek de behoefte om de flow van werk te begrijpen, knelpunten te identificeren en verspilling te onthullen. Referentie 4.3.5 D. Onjuist. 'Houd het eenvoudig en praktisch' geeft aan dat de organisatie het minimale aantal stappen moet gebruiken en de stappen die geen nuttige uitkomst produceren, moet elimineren. Dit houdt wel in dat u verspilling moet onthullen, maar het benadrukt niet specifiek de behoefte om de flow van werk te begrijpen en knelpunten te identificeren. Referentie 4.3.6
14	A	1.1.a	A. Juist. Een service is "Een middel om de co-creatie van waarde mogelijk te maken door het faciliteren van uitkomsten die klanten willen bereiken, zonder dat de klant daarbij specifieke kosten en risico's hoeft te managen." Referentie 2.3.1 B. Onjuist. Een output is "Een tastbare of niet-tastbare deliverable van een activiteit." Referentie 2.5.1 C. Onjuist. Practices zijn "Reeksen organisatorische resources die zijn ontworpen voor het uitvoeren van werkzaamheden of het bereiken van een doelstelling." Referentie 4.1 D. Onjuist. 'Continual improvement' is een practice "om de practices en services van de organisatie af te stemmen op veranderende businessbehoeften." Referentie 5.1.2

Het ITIL® 4 Foundation-examen

V	A	Syllabus-referentie	Onderbouwing
15	A	7.1.b	A. Juist. "Het is essentieel dat de juiste change authority toegewezen wordt aan elk type change om ervoor te zorgen dat change enablement zowel efficiënt als effectief is." Referentie 5.2.4 B. Onjuist. Er is geen regel die stelt dat het centraliseren van change authority de meest effectieve methode is. In sommige gevallen is het decentraliseren van besluitvorming beter: "In hogesnelheidsorganisaties is het een gebruikelijke practice om goedkeuring van changes te decentraliseren, waardoor de peerreview een topvoorspeller van hoge prestatie is." Referentie 5.2.4 C. Onjuist. Dit antwoord haalt normale changes door elkaar met emergency changes. "Emergency changes zijn doorgaans niet in een wijzigingsplan opgenomen en het proces van assessment en autorisatie wordt versneld om te garanderen dat deze snel kunnen worden geïmplementeerd." Referentie 5.2.4 D. Onjuist. Standaardchanges hebben doorgaans een laag risico en zijn vooraf geautoriseerd. "Dit zijn vooraf geautoriseerde changes met een laag risico die goed worden begrepen en volledig gedocumenteerd zijn, en die zonder aanvullende autorisatie kunnen worden geïmplementeerd." Referentie 5.2.4
16	A	3.1.a	A. Juist. "Het is belangrijk om ervoor te zorgen dat de manier waarop een organisatie is gestructureerd en wordt gemanaged, evenals haar rollen, verantwoordelijkheden en bevoegdheids- en communicatiesystemen, goed is gedefinieerd en de algemene strategie en het operationele model ondersteunt." Referentie 3.1 B. Onjuist. De 'informatie en technologie'-dimensie "bevat de informatie en kennis die nodig is voor het management van services en eveneens de vereiste technologieën. Ook worden de relaties tussen verschillende componenten van de SVS, zoals de in- en outputs van activiteiten en practices erin opgenomen." Referentie 3.2 C. Onjuist. "De partners en leveranciers-dimensie omvat de relaties die een organisatie heeft met andere organisaties die betrokken zijn bij het ontwerpen, ontwikkelen, uitrollen, leveren, ondersteunen en/of voortdurend verbeteren van services. Ook omvat deze contracten en andere overeenkomsten tussen de organisatie en haar partners of leveranciers." Referentie 3.3 D. Onjuist. De 'waardestromen en processen'-dimensie " gaat over de manier waarop de verschillende onderdelen van de organisatie in een geïntegreerde en gecoördineerde manier werken om waardecreatie mogelijk te maken via producten en services." Referentie 3.4

V	A	Syllabus-referentie	Onderbouwing
17	B	6.2.g	A. Onjuist. Een known error is "Een problem dat geanalyseerd maar nog niet opgelost is." Als een problem gelogd maar niet geanalyseerd is, zou deze niet als known error beschouwd worden. Referentie 5.2.8 B. Juist. Een known error is "Een problem dat geanalyseerd maar nog niet opgelost is." Referentie 5.2.8 C. Onjuist. Een known error is "Een problem dat geanalyseerd maar nog niet opgelost is"; dit is mogelijk geëscaleerd, of niet. Referentie 5.2.8 D. Onjuist. Een known error is "Een problem dat geanalyseerd maar nog niet opgelost is." Als een problem gesloten is, zou dit niet als known error beschouwd worden. Referentie 5.2.8
18	A	7.1.d	A. Juist. Known errors "zijn problems waar de eerste analyse voltooid is; doorgaans betekent dit dat er onjuiste componenten geïdentificeerd zijn... de problem blijft in de known error status, en de gedocumenteerde workaround wordt toegepast". Referentie 5.2.8 B. Onjuist. Een problem is "Een oorzaak of mogelijke oorzaak van één of meer incidenten." Een known error is "Een problem dat geanalyseerd maar nog niet opgelost is." Known errors veroorzaken geen problemen; ze zijn problemen die geanalyseerd maar nog niet opgelost zijn." Referentie 5.2.8 C. Onjuist. Zowel known errors en problems veroorzaken incidenten. Een problem is "Een oorzaak of mogelijke oorzaak van één of meer incidenten." Een known error is "Een problem dat geanalyseerd maar nog niet opgelost is." Zowel problems als known errors kunnen kwetsbaarheden zijn: "Elke service bevat fouten, onvolmaaktheden of kwetsbaarheden die incidenten kunnen veroorzaken." Referentie 5.2.8 D. Onjuist. "Veel problem managementactiviteiten vertrouwen meer op de kennis en ervaring van personeel dan op de volgende gedetailleerde procedures. Degenen die verantwoordelijk zijn voor het vaststellen van problems hebben vaak de mogelijkheid nodig om complexe systemen te begrijpen en na te denken over hoe de verschillende storingen konden plaatsvinden. Het ontwikkelen van deze combinatie van analytische en creatieve mogelijkheid vereist begeleiding, tijd en geschikte training." Deze mensen zouden een technische of een service management-rol kunnen vervullen. Referentie 5.2.8

Het ITIL® 4 Foundation-examen

V	A	Syllabus-referentie	Onderbouwing
19	C	7.1.e	A. Onjuist. Complimenten en klachten zijn voorbeelden van servicerequests. De efficiëntie van de practice hangt niet van ze af. Referentie 5.2.16 B. Onjuist. Veel servicerequests worden geïnitieerd en voltooid door zelfbedieningstools te gebruiken, maar ze zijn niet allemaal geschikt voor deze aanpak. Referentie 5.2.16 C. Juist. "Service request management hangt af van goed ontworpen processen en procedures die operationeel worden gemaakt door middel van tracking- en automatiseringstools om de efficiëntie van de practice te maximaliseren." Referentie 5.2.16 D. Onjuist. "Servicerequests zijn een normaal onderdeel van servicelevering en zijn geen storing of achteruitgang van de service, die als incidenten behandeld worden." Referentie 5.2.16
20	D	7.1.f	A. Onjuist. Dit is een doel van 'relatiemanagement': "om de relaties tussen een organisatie en haar stakeholders op te bouwen en te onderhouden op strategisch en tactisch niveau." Referentie 5.1.9 B. Onjuist. "Servicedesks bieden een duidelijke weg voor gebruikers om issues, vragen en verzoeken te rapporteren, en deze te laten erkennen, classificeren, toe-eigenen en als actie te laten uitvoeren." Dit omvat niet de assessment en autorisatie van changes. Dit wordt aangeboden door de 'change enablement' practice. Referentie 5.2.14 C. Onjuist. Het onderzoeken van de oorzaak van incidenten is een doel van 'problem management'. "Het doel van de problem management practice is het verminderen van de waarschijnlijkheid en de impact van incidenten door werkelijke en mogelijke oorzaken van incidenten te identificeren." Referentie 5.2.8 D. Juist. "Een ander belangrijk aspect van een goede servicedesk is het praktische begrip van de bredere organisatie, de businessprocessen en de gebruikers." Referentie 5.2.14

V	A	Syllabus-referentie	Onderbouwing
21	A	6.1.g	A. Juist. "Het doel van de service configuration management practice is om ervoor te zorgen dat, wanneer en waar nodig, nauwkeurige en betrouwbare informatie beschikbaar is over de configuratie van services en de configuratie-items die deze ondersteunen. Dit omvat informatie over hoe configuratie-items geconfigureerd worden, en de relatie tussen de items." Referentie 5.2.11 B. Onjuist. "Het doel van de service desk practice is het vastleggen van de vraag naar incidentoplossing en servicerequests." Referentie 5.2.14 C. Onjuist. "Het doel van de IT asset management practice is het plannen en het managen van de volledige levenscyclus van alle IT-assets, om de organisatie te helpen: waarde maximaliseren, kosten beheersen, risico's managen, ondersteunen van besluitvorming over aankoop, ondersteuning en vervreemding van assets". Referentie 5.2.6 D. Onjuist. "Het doel van de monitoring and event management practice is de systematische observatie van (componenten van) services en het vastleggen en rapporteren van geselecteerde statuschanges die als events zijn gedefinieerd." Referentie 5.2.7
22	D	6.1.k	A. Onjuist. "Het doel van de supplier management practice is om ervoor te zorgen dat de leveranciers van de organisatie en hun prestaties op de juiste manier gemanaged worden ter ondersteuning van de levering van producten en services van naadloze kwaliteit." Referentie 5.1.13 B. Onjuist. "Het doel van de deployment management practice is om nieuwe of gewijzigde hardware, software, documentatie, processen of enig ander component naar een productieomgevingen te verplaatsen. Ook kan deze betrokken zijn bij de uitrol van componenten naar andere omgevingen voor testen of opvoeren." Referentie 5.3.1 C. Onjuist. "Het doel van de problem management practice is het verminderen van de waarschijnlijkheid en de impact van incidenten door werkelijke en mogelijke oorzaken van incidenten te identificeren en workarounds en known errors te managen." Referentie 5.2.8 D. Juist. "Het doel van de incident management practice is het minimaliseren van de negatieve impact van incidenten door de gewoonlijke serviceproductie zo snel mogelijk te herstellen." Referentie 5.2.5

Het ITIL® 4 Foundation-examen

V	A	Syllabus-referentie	Onderbouwing
23	B	1.1.d	A. Onjuist. "Klant: De rol die de vereisten voor een service bepaalt en verantwoordelijk is voor de uitkomsten die uit de serviceconsumptie voortvloeien." Referentie 2.2.2 B. Juist. "Klant: De rol die de vereisten voor een service bepaalt en verantwoordelijk is voor de uitkomsten die uit de serviceconsumptie voortvloeien." Referentie 2.2.2 C. Onjuist. "Klant: De rol die de vereisten voor een service bepaalt en verantwoordelijk is voor de uitkomsten die uit de serviceconsumptie voortvloeien." Referentie 2.2.2 D. Onjuist. "Klant: De rol die de vereisten voor een service bepaalt en verantwoordelijk is voor de uitkomsten die uit de serviceconsumptie voortvloeien." Referentie 2.2.2
24	D	2.2.c	A. Onjuist. 'Optimaliseer en automatiseer' betekent dat u iets moet begrijpen en optimaliseren voordat u dit automatiseert. "Een poging doen om iets wat complex of suboptimaal is te automatiseren levert waarschijnlijk niet de gewenste uitkomsten." Referentie 4.3.7.3 B. Onjuist. 'Begin waar je bent' betekent dat u de huidige situatie moet begrijpen voordat u changes doorvoert. "Services en methoden die al op hun plek zijn, moeten gemeten en/of rechtstreeks geobserveerd worden om goed te begrijpen wat hun huidige status is en wat ervan hergebruikt kan worden. Besluiten over hoe men van start moet gaan moet gebaseerd zijn op informatie die zo nauwkeurig als mogelijk is." Referentie 4.3.2.1 C. Onjuist. 'Concentreer op waarde' betekent dat elke verbeteringsiteratie waarde moet creëren voor stakeholders. "Alle activiteiten die door de organisatie uitgevoerd worden, moeten direct of indirect teruggekoppeld worden naar waarde voor zichzelf, de klanten, en andere stakeholders." Referentie 4.3.1 D. Juist. 'Maak iteratieve voortgang met feedback' raadt aan "het geheel te begrijpen, maar wel iets uit te voeren: de grootste vijand voor iteratieve voortgang is het verlangen om alles te begrijpen en te verklaren. Dit kan leiden tot wat soms 'analyseparalyse' wordt genoemd, waarbij er zoveel tijd wordt besteed aan het analyseren van de situatie dat er uiteindelijk niets aan wordt gedaan." Referentie 4.3.3.3

V	A	Syllabus-referentie	Onderbouwing
25	B	7.1.d	A. Onjuist. "Het is niet essentieel om ieder problem te analyseren; het heeft meer waarde om een significante vooruitgang te boeken bij de problems met de hoogste prioriteit dan om ieder klein problem waar de organisatie zich bewust van is, te onderzoeken." Referentie 5.2.8 B. Juist. "Problems worden geprioriteerd voor analyse op basis van het risico dat ze vormen, en worden als risico's gemanaged op basis van hun mogelijke impact en waarschijnlijkheid." Referentie 5.2.8 C. Onjuist. "Error control houdt ook in dat mogelijke permanente oplossingen worden geïdentificeerd die mogelijk een request for change voor de implementatie van een oplossing tot gevolg hebben. Dit gebeurt echter alleen als dit wat betreft kosten, risico's en voordelen gerechtvaardigd kan worden." Referentie 5.2.8 D. Onjuist. "Wanneer een problem niet snel opgelost kan worden, is het vaak nuttig om een workaround te vinden en documenteren voor toekomstige incidenten op basis van begrip van de problem." Referentie 5.2.8
26	A	7.1.a	A. Juist. "Wanneer een contract wordt gesloten voor een service van een leverancier, moet dat contract details bevatten over het meten, rapporteren, en verbeteren van hun services tijdens de duur van het contract." Referentie 5.1.2 B. Onjuist. Agile methoden maken gebruik van een stapsgewijze aanpak omdat deze zich "concentreren op stapsgewijze verbeteringen op een bepaald ritme"; dit alleen garandeert echter niet dat een leverancier zich verbonden heeft aan voortdurende verbetering. Referentie 5.1.2 C. Onjuist. Veel verbeteringsinitiatieven maken gebruik van projectmanagement practices, maar dit is mogelijk voor sommige niet praktisch. "Veel (maar niet alle) verbeteringsinitiatieven zullen gebruik maken van project management practices om hun uitvoering te organiseren en managen". Referentie 5.1.2 D. Onjuist. Veel 'problem management'-activiteiten zullen verbeteringen opleveren, maar niet alle leveranciersproblemen hebben verbeteringen tot gevolg. Dit is daarom geen verstandige aanpak. "Het is niet essentieel om ieder problem te analyseren; het heeft meer waarde om een significante vooruitgang te boeken bij de problems met de hoogste prioriteit dan om ieder klein problem waar de organisatie zich bewust van is, te onderzoeken." Referentie 5.2.8

Het ITIL® 4 Foundation-examen

V	A	Syllabus-referentie	Onderbouwing
27	C	3.1.c	A. Onjuist. "De partners en leveranciers-dimensie omvat de relaties die een organisatie heeft met andere organisaties die betrokken zijn bij het ontwerpen, ontwikkelen, uitrollen, leveren, ondersteunen en/of voortdurend verbeteren van services. Ook omvat deze contracten en andere overeenkomsten tussen de organisatie en haar partners of leveranciers." Deze overwegingen zijn eerder afhankelijk van de leveranciersstrategie dan dat zij deze beïnvloeden. Referentie 3.3 B. Onjuist. Het type samenwerking met leveranciers is eerder afhankelijk van de leveranciersstrategie dan dat het deze beïnvloedt. De samenwerkingsvormen "staan niet vast maar beslaan een spectrum. Een organisatie die optreedt als een serviceprovider heeft een plek op dit spectrum, die varieert afhankelijk van haar strategie en doelen voor klantrelaties." Referentie 3.3 C. Juist. "Bedrijfscultuur: sommige organisaties hebben een historische voorkeur voor de ene aanpak boven een andere. Een langdurig cultureel vooroordeel is moeilijk te veranderen zonder overtuigende redenen." Referentie 3.3 D. Onjuist. Het formaliteitsniveau is afhankelijk van het samenwerkingsvorm, die op zijn beurt afhankelijk is van de leveranciersstrategie. De samenwerkingsvormen "staan niet vast maar beslaan een spectrum. Een organisatie die optreedt als een serviceprovider heeft een plek op dit spectrum, die varieert afhankelijk van haar strategie en doelen voor klantrelaties." Referentie 3.3
28	C	6.2.f	A. Onjuist. Change is "De toevoeging, aanpassing of verwijdering van alles wat een direct of indirect effect kan hebben op services. Referentie 5.2.4 B. Onjuist. Een event is "Een verandering van een toestand die betekenis heeft voor het management van een service of een ander configuratie-item (CI). Events worden doorgaans herkend via meldingen van een IT-service, CI, of monitoring tool." Referentie 5.2.7 C. Juist. Een problem is "een oorzaak of mogelijke oorzaak van één of meer incidenten." Referentie 5.2.8 D. Onjuist. Een incident is "Een ongeplande onderbreking van een service of kwaliteitsvermindering van een service." Referentie 5.2.5

V	A	Syllabus-referentie	Onderbouwing
29	B	6.1.b	A. Onjuist. "Het doel van de continual improvement practice is om de practices en services van de organisatie af te stemmen op veranderende businessbehoeften door middel van de voortdurende verbetering van producten, services en practices, of een element dat betrokken is bij het management van producten en services." Referentie 5.1.2 B. Juist. "Het doel van de relationship management practice is om relaties tussen een organisatie en haar stakeholders op te bouwen en te onderhouden op strategisch en tactisch niveau. Dit omvat het identificeren, analyseren, de monitoring en de voortdurende verbetering van relaties met en tussen stakeholders." Referentie 5.1.9 C. Onjuist. "Het doel van de problem management practice is het verminderen van de waarschijnlijkheid en de impact van incidenten door werkelijke en mogelijke oorzaken van incidenten te identificeren en workarounds en known errors te managen." Referentie 5.2.8 D. Onjuist. "Het doel van de incident management practice is het minimaliseren van de negatieve impact van incidenten door de gewoonlijke serviceproductie zo snel mogelijk te herstellen." Referentie 5.2.5
30	B	2.1	A. Onjuist. "Om een holistische aanpak van service management te ondersteunen, worden door ITIL vier dimensies gedefinieerd die als geheel kritiek zijn voor het effectief en efficiënt faciliteren van waarde voor klanten en andere stakeholders in de vorm van producten en services." ITIL gebruiken om deze vier dimensies van ITSM op te pakken helpt bij het faciliteren van waarde maar helpt de organisatie niet bij het geschikt maken van de ITIL-richtlijnen voor de eigen organisatie. Referentie 3 B. Juist. De richtinggevende principes kunnen "organisaties tot gids dienen in hun werk door ze een service management-aanpak te laten aannemen en de ITIL-richtlijnen aan hun eigen specifieke behoeften en omstandigheden aan te passen." Referentie 4.3 C. Onjuist. "Servicewaardeketen: een reeks van onderling verbonden activiteiten die een organisatie uitvoert om een waardevol product of service aan haar klanten te leveren en om waarderealisatie te faciliteren." Het aannemen van een servicewaardeketen helpt bij het faciliteren van waarde maar helpt de organisatie niet bij het geschikt maken van de ITIL-richtlijnen voor de eigen organisatie. Referentie 4.1 D. Onjuist. Practices zijn reeksen organisatorische resources die zijn ontworpen voor het uitvoeren van werkzaamheden of het bereiken van een doelstelling. Ze helpen de organisatie niet bij het toepassen van ITIL-richtlijnen op de organisatie. Referentie 4.1

Het ITIL® 4 Foundation-examen

V	A	Syllabus-referentie	Onderbouwing
31	D	1.2.e	A. Onjuist. Een event is: "Een verandering van een toestand die betekenis heeft voor het management van een service of een ander configuratie-item (CI). Events worden doorgaans herkend via meldingen van een IT-service, CI, of monitoring tool." Referentie 5.2.7 B. Onjuist. Risico is "Een mogelijk event dat schade of verlies kan toebrengen, of op negatieve wijze het vermogen beïnvloedt om doelstellingen te realiseren." Referentie 2.5.3 C. Onjuist. Een uitkomst is "Een resultaat dat door een stakeholder wordt behaald en mogelijk is gemaakt door één of meer outputs." Referentie 2.5.1 D. Juist. Een output is "Een tastbare of niet-tastbare deliverable van een activiteit." Referentie 2.5.1
32	C	7.1.g	A. Onjuist. Er zouden niet minder metrics verzameld worden, hoewel het ze wel zou combineren en samenvoegen om duidelijkere informatie te bieden. "De practice vereist een pragmatische concentratie op de gehele service en niet alleen de vastgestelde delen; bijvoorbeeld, eenvoudige individuele metrics (zoals het percentage systeembeschikbaarheid) moet niet gezien worden als een afvaardiging van de gehele service." Referentie 5.2.15 B. Onjuist. De reden is om het rapporteren van de individuele op het systeem gebaseerde metrics die niet belangrijk zijn voor de klant, te verminderen. "Ze moeten een verband hebben met gedefinieerde uitkomsten en niet alleen operationele metrics. Dit kan bereikt worden met gebalanceerde bundels metrics." Referentie 5.2.15.1 C. Juist. "Ze moeten een verband hebben met gedefinieerde uitkomsten en niet alleen operationele metrics. Dit kan bereikt worden met gebalanceerde bundels metrics." Referentie 5.2.15.1 D. Onjuist. Dit beïnvloedt niet het mechanisme voor de verzameling van metrics. "De practice vereist een pragmatische concentratie op de gehele service en niet alleen de vastgestelde delen; bijvoorbeeld, eenvoudige individuele metrics (zoals het percentage systeembeschikbaarheid) moet niet gezien worden als een afvaardiging van de gehele service." Referentie 5.2.15

V	A	Syllabus-referentie	Onderbouwing
33	C	7.1.c	A. Onjuist. "Moderne IT service management tools kunnen een geautomatiseerde koppeling van incidenten met andere incidenten, problems of known errors bieden," maar dit is niet afhankelijk van de prioriteit van het incident, die gebruikt wordt om ervoor te zorgen dat incidenten met de hoogste business impact eerst opgelost worden. Referentie 5.2.5 B. Onjuist. "Complexere incidenten worden meestal geëscaleerd naar een ondersteuningsteam voor een oplossing. De routing is doorgaans gebaseerd op de incidentcategorie die zou moeten helpen bij de identificatie van het juiste team." Referentie 5.2.5 C. Juist. "Incidenten worden geprioriteerd op basis van een overeengekomen classificatie om ervoor te zorgen dat incidenten met de hoogste businessimpact eerst worden opgelost." Referentie 5.2.5 D. Onjuist. "Effectief incident management vereist vaak een hoge mate van samenwerking binnen en tussen teams." Dit is echter niet afhankelijk van de prioriteit van het incident, die gebruikt wordt om "ervoor te zorgen dat incidenten met de hoogste impact op de business eerst worden opgelost". Referentie 5.2.5
34	B	6.1.d	A. Onjuist. "Het doel van de relationship management practice is om relaties tussen een organisatie en haar stakeholders op te bouwen en te onderhouden op strategisch en tactisch niveau." Referentie 5.1.9 B. Juist. "Het doel van de IT asset management practice is het plannen en managen van de volledige levenscyclus van alle IT-assets, om de organisatie te helpen: waarde maximaliseren, kosten beheersen, risico's managen." Referentie 5.2.6 C. Onjuist. "Het doel van de release management practice is het beschikbaar maken van nieuwe en gewijzigde services en functionaliteiten voor gebruik." Referentie 5.2.9 D. Onjuist. "Het doel van de service desk practice is het vastleggen van de vraag naar incidentoplossing en servicerequests." Referentie 5.2.14

Het ITIL® 4 Foundation-examen

V	A	Syllabus-referentie	Onderbouwing
35	A	7.1.d	A. Juist. "Actviteiten van problem-identificatie identificeren en leggen problems vast. Deze omvatten:... detectie van dubbele en terugkerende issues door gebruikers, de servicedesk en technisch ondersteuningspersoneel." Referentie 5.2.8 B. Onjuist. Het identificeren van het juiste team om een incident te escaleren wordt gebaseerd op incidentcategorie, niet op terugkerende incidenten. "Complexere incidenten worden meestal geëscaleerd naar een ondersteuningsteam voor een oplossing. De routing is doorgaans gebaseerd op de incidentcategorie die zou moeten helpen bij de identificatie van het juiste team." Referentie 5.2.5 C. Onjuist. Het doel van de service request management practice is het "ondersteunen van de overeengekomen kwaliteit van een service door alle vooraf gedefinieerde en door de gebruiker-geïnitieerde servicerequests op een effectieve en gebruikersvriendelijke manier af te handelen." De detectie van terugkerende issues door de servicedesk is niet vereist. Referentie 5.2.16 D. Onjuist. "De persoon of groep die een change autoriseert staat bekend als een change authority. Het is essentieel dat de juiste change authority toegewezen wordt aan elk type change om te garanderen dat change enablement zowel efficiënt als effectief is." Deze toewijzing wordt gebaseerd op het type change, en het detecteren van terugkerende issues door de servicedesk is niet vereist om dit uit te voeren. Referentie 5.2.4
36	D	5.2.a	A. Onjuist. "Het doel van de waardeketenactiviteit verbeteren is het garanderen van een voortdurende verbetering van producten, services en practices binnen alle waardeketenactiviteiten en de vier dimensies van service management." Referentie 4.5.2 B. Onjuist. Het doel van de waardeketenactiviteit 'engage' is het bieden van een goed begrip van de behoeften van stakeholders, transparantie en voortdurende betrokkenheid en goede relaties met alle stakeholders." Referentie 4.5.3 C. Onjuist. "Het doel van de waardeketenactiviteit verkrijgen / bouwen is het garanderen dat service componenten beschikbaar zijn waar en wanneer nodig, en dat deze aan de overeengekomen specificaties voldoen." Referentie 4.5.5 D. Juist. "Het doel van de waardeketenactiviteit plannen is het garanderen van een gedeeld begrip van de visie, de huidige status en de verbeteringsrichting voor alle vier dimensies en alle producten en services binnen de organisatie." Referentie 4.5.1

V	A	Syllabus-referentie	Onderbouwing
37	D	2.2.a	A. Onjuist. De nadruk van dit principe ligt op de aanpak van activiteiten: "Gebruik altijd het minimale aantal stappen om een doelstelling te realiseren. Op uitkomst gebaseerd denken zou gebruikt moeten worden om praktische oplossingen te produceren die waardevolle uitkomsten opleveren." Referentie 4.3.6 B. Onjuist. Dit principe is gebaseerd op een verhoogde effectiviteit en efficiëntie. "Organisaties moeten de waarde van het werk dat verricht wordt door hun menselijke en technische resources maximaliseren." Referentie 4.3.7 C. Onjuist. Dit laat zien hoe het doorvoeren van changes aangepakt moet worden. "Weersta de verleiding om alles tegelijk te doen. Zelfs enorme initiatieven moeten iteratief gerealiseerd worden. Door het werk in kleinere, handelbare stukken die op een tijdige manier uitgevoerd en voltooid kunnen worden, te verdelen, wordt de concentratie op elke inspanning scherper en gemakkelijker vol te houden." Referentie 4.3.3 D. Juist. "Dit hoofdstuk is vooral gericht op het creëren van waarde voor gebruikers van de service... Deze waarde kan in verschillende vormen worden geuit, zoals opbrengst, klantloyaliteit, lagere kosten, of groeimogelijkheden." Referentie 4.3.1
38	B	7.1.g	A. Onjuist. "Servicedesks bieden een duidelijke weg voor gebruikers om issues, vragen en verzoeken te rapporteren, en deze te laten erkennen, classificeren, toewijzen en als actie te laten uitvoeren." Referentie 5.2.14 B. Juist. "Servicelevelmanagement biedt de end-to-end zichtbaarheid van de services van de organisatie. Om dit te bereiken:... legt servicelevelmanagement service issues vast en rapporteert deze, inclusief prestaties tegen gedefinieerde servicelevels." Referentie 5.2.15 C. Onjuist. "Een verzoek van een gebruiker of een door de gebruiker gemachtigde vertegenwoordiger dat leidt tot een service action die, conform de overeenkomst, onderdeel is van de gewoonlijke servicelevering." Referentie 5.2.16 D. Onjuist. "Service configuration management verzamelt en beheert informatie van een breed aanbod van configuratie-items, wat doorgaans hardware, software, netwerken, gebouwen, mensen, leveranciers en documentatie omvat." Referentie 5.2.11

Het ITIL® 4 Foundation-examen

V	A	Syllabus-referentie	Onderbouwing
39	C	7.1.b	A. Onjuist. Emergency changes "zijn changes die zo snel mogelijk geïmplementeerd moeten worden; bijvoorbeeld om een incident op te lossen of een security patch te implementeren." De implementatie van een geplande nieuwe release van een softwaretoepassing valt niet binnen deze categorie en wordt als een normale change gepland en geïmplementeerd. Referentie 5.2.4 B. Onjuist. Emergency changes "zijn changes die zo snel mogelijk geïmplementeerd moeten worden; bijvoorbeeld om een incident op te lossen of een security patch te implementeren." Een computer-upgrade met een laag risico die als een servicerequest geïmplementeerd is valt niet binnen deze categorie. Het gebruik van een servicerequest impliceert dat dit een standaardchange is, omdat standaardchanges "vaak geïnitieerd worden als servicerequests." Referentie 5.2.4 C. Juist. Emergency changes zijn "Changes die zo snel mogelijk moeten worden geïmplementeerd; bijvoorbeeld om een incident op te lossen of een beveiligingspatch te implementeren. Referentie 5.2.4 D. Onjuist. Emergency changes "moeten zo snel mogelijk worden geïmplementeerd; bijvoorbeeld om een incident op te lossen of een beveiligingspatch te implementeren. Emergency changes worden doorgaans niet opgenomen in een wijzigingsplan, en het assessment- en autorisatieproces wordt versneld om te garanderen dat deze snel geïmplementeerd kunnen worden." Een geplande grote hardware- en software-implementatie valt niet binnen deze categorie en wordt als een normale change gepland en geïmplementeerd. Referentie 5.2.4

V	A	Syllabus-referentie	Onderbouwing
40	B	2.2.b	A. Onjuist. Het richtinggevende principe 'concentreer op waarde' adviseert dat "Alle activiteiten die door de organisatie uitgevoerd worden moeten direct of indirect terugkoppelen naar waarde op zichzelf, haar klanten, en andere stakeholders." Dit is niet de belangrijkste belang van het richtinggevende principe 'begin waar je bent'. Referentie 4.3.1 B. Juist. Het richtinggevende principe 'begin waar je bent' adviseert om "De huidige staat van services en methodes goed te begrijpen, omdat dit belangrijk is bij het selecteren van de elementen die hergebruikt, aangepast of uitgebouwd moeten worden." Referentie 4.3.2.3 C. Onjuist. Het richtinggevende principe 'werk samen en maak het zichtbaar' concentreert zich op het betrekken van de juiste stakeholders en de communicatie met hen. "Wanneer initiatieven de juiste mensen in de juiste rollen betrekken, trekken inspanningen voordeel uit een betere buy-in, meer relevantie (omdat er betere informatie beschikbaar is voor besluitvorming) en een verhoogde kans op succes op lange termijn". Dit is niet de belangrijkste zorg van het richtinggevende principe 'begin waar je bent'. Referentie 4.3.4 D. Onjuist. De belangrijkste zorg van het richtinggevende principe 'maak iteratieve voortgang met feedback' breekt initiatieven in kleinere onderdelen. "Door het werk in kleinere, handelbare stukken die op een tijdige manier uitgevoerd en voltooid kunnen worden, te verdelen, wordt de focus op iedere inspanning scherper en gemakkelijker vol te houden." Dit is niet de belangrijkste zorg van het richtinggevende principe 'begin waar je bent'. Referentie 4.3.3

ITIL® 4 Foundation
Syllabus van de kandidaat

September 2019

Inleiding

De ITIL 4 Foundation-kwalificatie is bedoeld om kandidaten kennis te laten maken met het management van moderne IT-services, om ze inzicht te geven in de gezamenlijke taal en kernbegrippen, en om aan te tonen hoe ze hun werk en het werk van hun organisatie kunnen verbeteren met behulp van ITIL 4-richtlijnen. Bovendien geeft de kwalificatie de kandidaat inzicht in het ITIL 4 service management framework en hoe dit framework zich heeft ontwikkeld om moderne technologieën en werkwijzen toe te passen.

Het ITIL 4 Foundation-examen is bedoeld om te beoordelen of de kandidaat voldoende inzicht heeft in het ITIL 4 service management framework, zoals beschreven in de onderstaande syllabus, teneinde de ITIL 4 Foundation-kwalificatie toegekend te krijgen. De ITIL 4 Foundation-kwalificatie is een vereiste voor ITIL 4-kwalificaties van een hoger niveau die beoordelen of de kandidaat in staat is om de concepten van de relevante onderdelen van het ITIL-framework in context toe te passen.

Examenoverzicht

Toegestaan materiaal	Geen	Dit is een 'gesloten boek-examen'. De *ITIL Foundation*-publicatie, ITIL 4-editie, moet voor studie worden gebruikt, maar is NIET toegestaan voor gebruik bij het examen.
Examen duur	60 minuten	Aan kandidaten die het examen afleggen in een taal die niet hun moeder- of werktaal is, kan 25% extra tijd worden toegekend, d.w.z. 75 minuten in totaal.
Aantal punten te behalen	40 punten	Er zijn 40 vragen die ieder 1 punt waard zijn. Er zijn geen negatieve beoordelingen.
Voorlopig minimumaantal punten	26 punten	U dient 26 vragen juist te beantwoorden (65%) om voor het examen te slagen.
Denkwijze	Niveau 1 en 2 van Bloom	'Niveau van Bloom' beschrijft de denkwijze die nodig is om de vraag te beantwoorden. Voor vragen van niveau 1 van Bloom, moet u informatie <u>herinneren</u> over het ITIL 4 service management framework. Voor vragen van niveau 2 van Bloom, moet u het <u>inzicht</u> in deze begrippen aantonen.
Vraagtypen	Standaard, Negatief, Ontbrekend woord en Lijst	Alle vragen zijn 'meerkeuze'. Voor de 'standaard' vragen, krijgt u een vraag met vier antwoordopties. 'Negatieve' vragen zijn 'standaard' vragen waarbij de stam negatief wordt geformuleerd. Voor 'ontbrekend woord' vragen, wordt er een zin met een ontbrekend woord gegeven en moet u het ontbrekende woord uit vier opties kiezen. Voor de 'lijst' vragen, wordt er een lijst met vier stellingen gegeven en moet u de twee juiste stellingen in de lijst kiezen.

Vraagtypen

Voorbeeld van een 'standaard' OTQ:

Wat is een bron van best practice?

- a) Q
- b) P
- c) R
- d) S

Voorbeeld van een 'lijst' OTQ:

Welke van deze stellingen over service asset en configuration management is JUIST?

1. Het doet Q
2. Het doet P
3. Het doet R
4. Het doet S

- a) 1 en 2
- b) 2 en 3
- c) 3 en 4
- d) 1 en 4

OPMERKING: Twee van de items in de lijst zijn juist. Vragen in de lijststijl worden nooit negatief geformuleerd.

Raadpleeg het voorbeeldexamen voor een voorbeeld van de examenopzet en -inhoud.

Voorbeeld van een 'ontbrekend woord' OTQ:

Identificeer het ontbrekende woord in de volgende zin.

A [?] bevat vereisten voor services en neemt verantwoordelijkheid voor uitkomsten van serviceconsumptie.

- a) Rol Q
- b) Rol P
- c) Rol R
- d) Rol S

Voorbeeld van een 'negatief' standaard OTQ:

Wat is GEEN gedefinieerd onderdeel van waarde?

- a) Q
- b) P
- c) R
- d) S

OPMERKING: Negatieve vragen worden **alleen gebruikt als afwijking**, waarbij onderdeel van het leerresultaat de kennis is dat iets niet is uitgevoerd of niet voor zou moeten komen.

Syllabus

De onderstaande tabel biedt een overzicht van de begrippen die op het examen worden getest en de hoofdonderdelen van de handleiding waarin deze worden beschreven. De boekreferenties verwijzen naar het aangegeven hoofdstuk, maar niet naar de subhoofdstukken binnen dat hoofdstuk, tenzij aangegeven. Het werkwoord voor ieder beoordelingscriterium geeft het niveau van Bloom (BL) aan: 'Vul in'/'Definieer' duidt op niveau 1 eenvoudige herinnering en herkenning, 'Beschrijf'/'Leg uit', duidt op Niveau 2 inzicht hebben in/begrijpen.

Leerresultaat	Beoordelingscriteria	Boek Referenties	Niveau van Bloom	Aantal punten te behalen
1. Begrijp de kernbegrippen van service management	1.1 Geef de definitie van: a) Service b) Utility c) Warranty d) Klant e) Gebruiker f) Service management g) Sponsor	2.0, 2.2.2, 2.3.1, 2.5.4	BL1	2
	1.2 Beschrijf de kernbegrippen van het creëren van waarde met services: a) Kosten b) Waarde c) Organisatie d) Uitkomst e) Output f) Risico g) Utility h) Warranty	2.1, 2.1.1, 2.2 en alle subhoofdstukken van 2.5	BL2	2
	1.3 Beschrijf de kernbegrippen van servicerelaties: a) Serviceaanbod b) Service relationship management c) Serviceverlening d) Serviceconsumptie	2.3.2, 2.4, 2.4.1	BL2	1
2. Begrijp hoe de ITIL-richtinggevende principes een organisatie kunnen helpen bij het toepassen en aanpassen van service management	2.1 Beschrijf de aard, het gebruik en de interactie van de richtinggevende principes	4.3, 4.3.8	BL2	1
	2.2 Leg het gebruik van de richtinggevende principes uit (4.3): a) Concentreer op waarde (4.3.1 – 4.3.1.4) b) Begin waar je bent (4.3.2 – 4.3.2.3) c) Maak iteratieve voortgang met feedback (4.3.3 – 4.3.3.3) d) Werk samen en maak het zichtbaar (4.3.4 – 4.3.4.4) e) Denk en werk holistisch (4.3.5 – 4.3.5.1) f) Houd het eenvoudig en praktisch (4.3.6 – 4.3.6.3) g) Optimaliseer en automatiseer (4.3.7 – 4.3.7.3)	4.3, 4.3.1-4.3.7.3	BL2	5
3. Begrijp de vier dimensies van service management	3.1 Beschrijf de vier dimensies van service management (3): a) Organisaties en mensen (3.1) b) Informatie en technologie (3.2) c) Partners en leveranciers (3.3) d) Waardestromen en processen (3.4-3.4.2)	3, 3.1-3.4.2	BL2	2
4. Begrijp het doel en de onderdelen van het ITIL-service value system	4.1 Beschrijf het ITIL-service value system (4.1)	4.1	BL2	1

Leerresultaat	Beoordelingscriteria	Boek Referenties	Niveau van Bloom	Aantal punten te behalen
5. Begrijp de activiteiten van de servicewaardeketen, en hoe ze op elkaar aansluiten	5.1 Beschrijf de onderlinge verbondenheid van de servicewaardeketen en hoe dit waardestromen ondersteunt (4.5)	4.5	BL2	1
	5.2 Beschrijf het doel van iedere waardeketenactiviteit: a) Plannen b) Verbeteren c) Engage d) Ontwerp en transitie e) Verkrijgen / bouwen f) Opleveren en ondersteunen	4.5.1-4.5.6	BL2	1
6. Weet het doel en de kernbegrippen van 15 ITIL-practices	6.1 Geef het doel van de volgende ITIL-practices: a) Information security management (5.1.3) b) Relationship management (5.1.9) c) Supplier management (5.1.13) d) IT asset management (5.2.6) e) Monitoring and event management (5.2.7) f) Release management (5.2.9) g) Service configuration management (5.2.11) h) Deployment management (5.3.1) i) Continual Improvement (5.1.2) j) Change enablement (5.2.4) k) Incident management (5.2.5) l) Problem management (5.2.8) m) Service request management (5.2.16) n) Service desk (5.2.14) o) Service level management (5.2.15)	5.1.2, 5.1.3, 5.1.9, 5.1.13, 5.2.4, 5.2.5, 5.2.6, 5.2.7, 5.2.8, 5.2.9, 5.2.11, 5.2.14, 5.2.15, 5.2.16, 5.3.1,	BL1	5
	6.2 Geef de definities van de volgende ITIL-termen: a) IT-asset b) Event c) Configuratie-item d) Change e) Incident f) Problem g) Known error	5.2.4, 5.2.5, 5.2.6, 5.2.7, 5.2.8, 5.2.11	BL1	2
7. Begrijp 7 ITIL-practices	7.1 Licht de volgende ITIL-practices in detail toe, uitgezonderd hoe ze in de servicewaardeketen passen: a) Continual improvement (5.1.2) waaronder: - Het model voor continual improvement (4.6, fig 4.3) b) Change enablement (5.2.4) c) Incident management (5.2.5) d) Problem management (5.2.8) e) Service request management (5.2.16) f) Service desk (5.2.14) g) Service level management (5.2.15 - 5.2.15.1)	4.6, fig 4.3, 5.1.2, 5.2.4, 5.2.5, 5.2.8, 5.2.16, 5.2.14, 5.2.15, 5.2.15.1	BL2	17

Woordenlijst van begrippen en definities

Term	Definition	Begrip	Definitie
acceptance criteria	A list of minimum requirements that a service or service component must meet for it to be acceptable to key stakeholders.	acceptatiecriteria	Een lijst van de minimale vereisten waaraan een service of component van een service moet voldoen om acceptabel te zijn voor de belangrijkste stakeholders.
Agile	An umbrella term for a collection of frameworks and techniques that together enable teams and individuals to work in a way that is typified by collaboration, prioritization, iterative and incremental delivery, and timeboxing. There are several specific methods (or frameworks) that are classed as Agile, such as Scrum, Lean, and Kanban.	Agile	Een overkoepelend begrip voor een verzameling frameworks en technieken waarmee teams en individuen hun werkzaamheden kunnen uitvoeren op een manier die wordt gekenmerkt door samenwerking, prioritering, iteratieve en incrementele oplevering en timeboxen. Verschillende specifieke methoden (of frameworks) worden als agile aangemerkt, waaronder Scrum, Lean en Kanban.
architecture management practice	The practice of providing an understanding of all the different elements that make up an organization and how those elements relate to one another.	architecture management practice / architectuurmanagement practice	De practice om inzicht te geven in alle verschillende elementen waaruit een organisatie bestaat en hoe deze elementen betrekking hebben op elkaar.
asset register	A database or list of assets, capturing key attributes such as ownership and financial value.	asset register / activaregister	Een database of een lijst van assets, waarin belangrijke attributen zijn vastgelegd, zoals eigenaarschap en financiële waarde.
availability	The ability of an IT service or other configuration item to perform its agreed function when required.	beschikbaarheid	De mogelijkheid van een IT-service of een ander configuratie-item om, wanneer nodig, de overeengekomen functie uit te voeren.
availability management practice	The practice of ensuring that services deliver agreed levels of availability to meet the needs of customers and users.	availability management practice / beschikbaarheids-management practice	De practice om ervoor te zorgen dat services de overeengekomen beschikbaarheidsniveaus leveren om te voldoen aan de behoeften van klanten en gebruikers.

Term	Definition	Begrip	Definitie
baseline	A report or metric that serves as a starting point against which progress or change can be assessed.	baseline / nulmeting	Een rapportage of metric die als een startpunt dient waartegen een vooruitgang of change kan worden beoordeeld.
best practice	A way of working that has been proven to be successful by multiple organizations.	best practice	Een werkwijze waarvan het succes door meerdere organisaties is bewezen.
big data	The use of very large volumes of structured and unstructured data from a variety of sources to gain new insights.	big data	Het gebruik van zeer grote hoeveelheden gestructureerde en ongestructureerde gegevens uit verschillende bronnen met als doel nieuwe inzichten te verkrijgen.
business analysis practice	The practice of analysing a business or some element of a business, defining its needs and recommending solutions to address these needs and/or solve a business problem, and create value for stakeholders.	business analysis practice / businessanalyse practice	De practice van het analyseren van een business of een onderdeel van een business, het definiëren van de bijbehorende behoeften en het aanbevelen van oplossingen om deze behoeften aan te pakken en/of een businessprobleem op te lossen, en waarde voor stakeholders te creëren.
business case	A justification for expenditure of organizational resources, providing information about costs, benefits, options, risks, and issues.	business case	Een rechtvaardiging voor de besteding van bedrijfsresources met informatie over kosten, benefits, opties, risico's en mogelijke issues.
business impact analysis (BIA)	A key activity in the practice of service continuity management that identifies vital business functions and their dependencies.	business impact analysis (BIA)	Een belangrijke activiteit in de practice van servicecontinuïteitsmanagement die essentiële businessfuncties en hun afhankelijkheden identificeert.
business relationship manager (BRM)	A role responsible for maintaining good relationships with one or more customers.	business relationship manager (BRM) / klantrelatiebeheerder	Een rol die verantwoordelijk is voor het onderhouden van de relatie met een of meer klanten.
call	An interaction (e.g. a telephone call) with the service desk. A call could result in an incident or a service request being logged.	telefoongesprek	Een interactie (bijvoorbeeld een telefoongesprek) met de servicedesk. Een telefoongesprek kan resulteren in het loggen van een incident of een servicerequest.

Term	Definition	Begrip	Definitie
call/contact centre	An organization or business unit that handles large numbers of incoming and outgoing calls and other interactions.	callcenter / contactcenter	Een organisatie of businessunit waarin grote aantallen inkomende en uitgaande telefoongesprekken worden verwerkt.
capability	The ability of an organization, person, process, application, configuration item, or IT service to carry out an activity.	vermogen om	De mogelijkheid van een organisatie, persoon, proces, toepassing, configuratie-item of IT-service om een activiteit uit te voeren.
capacity and performance management practice	The practice of ensuring that services achieve agreed and expected performance levels, satisfying current and future demand in a cost-effective way.	capacity and performance management practice / capaciteits- en prestatiemanagement practice	De practice om ervoor te zorgen dat services aan de afgesproken en verwachte prestatievereisten voldoen en de huidige en toekomstige vraag op een kosteneffectieve manier vervullen.
capacity planning	The activity of creating a plan that manages resources to meet demand for services.	capaciteitsplanning	De activiteit om een plan te maken en daarmee de resources te managen die nodig zijn om aan de vraag naar services te voldoen.
change	The addition, modification, or removal of anything that could have a direct or indirect effect on services.	change	De toevoeging, aanpassing of verwijdering van alles wat een direct of indirect effect kan hebben op services.
change authority	A person or group responsible for authorizing a change.	change authority / wijzigingsautoriteit	Een persoon of groep die verantwoordelijk is voor het autoriseren van een change.
change enablement practice	The practice of ensuring that risks are properly assessed, authorizing changes to proceed and managing a change schedule in order to maximize the number of successful service and product changes.	change enablement practice	De practice die ervoor zorgt dat risico's goed worden beoordeeld, changes worden goedgekeurd en het wijzigingsplan wordt gemanaged, zodat het aantal succesvolle changes in producten en services wordt gemaximaliseerd.
change model	A repeatable approach to the management of a particular type of change.	change model / wijzigingsmodel	Een herhaalbare aanpak voor het managen van een bepaald type change.
change schedule	A calendar that shows planned and historical changes.	wijzigingsplan	Een kalender die geplande en historische changes weergeeft.
charging	The activity that assigns a price for services.	doorbelasting	De activiteit waarbij een prijs wordt toegewezen aan services.

Term	Definition	Begrip	Definitie
cloud computing	A model for enabling on-demand network access to a shared pool of configurable computing resources that can be rapidly provided with minimal management effort or provider interaction.	cloud computing	Een model om on-demand netwerktoegang mogelijk te maken tot een gedeelde pool van configureerbare computerresources die snel en met minimale managementinspanningen of providerinteractie kunnen worden geleverd.
compliance	The act of ensuring that a standard or set of guidelines is followed, or that proper, consistent accounting or other practices are being employed.	compliance	De handeling om ervoor te zorgen dat een norm of een reeks richtlijnen wordt gevolgd, of dat de degelijke, consistente boekhouding wordt gevoerd of andere practices worden gebruikt.
confidentiality	A security objective that ensures information is not made available or disclosed to unauthorized entities.	vertrouwelijkheid	Een doelstelling op het gebied van security die ervoor zorgt dat informatie niet beschikbaar komt of openbaar wordt gemaakt voor ongeautoriseerde entiteiten.
configuration	An arrangement of configuration items (CIs) or other resources that work together to deliver a product or service. Can also be used to describe the parameter settings for one or more CIs.	configuratie	Een samenstelling van configuratie-items (CI's) of andere resources die onderling samenwerken om een product of service op te leveren. Wordt ook gebruikt om de parameterinstellingen van een of meer configuratie-items (CI's) te beschrijven.
configuration item (CI)	Any component that needs to be managed in order to deliver an IT service.	configuratie-item (CI)	Iedere component die moet worden gemanaged voor de oplevering van een IT-service.
configuration management database (CMDB)	A database used to store configuration records throughout their lifecycle. The CMDB also maintains the relationships between configuration records.	configuration management database (CMDB)	Een database die wordt gebruikt om de configuration records op te slaan gedurende hun levenscyclus. De CMDB onderhoudt ook de relatie tussen configuration records.
configuration management system (CMS)	A set of tools, data, and information that is used to support service configuration management.	configuration management system / configuratiemanagementsysteem (CMS)	Een geheel van instrumenten, gegevens en informatie dat wordt gebruikt ter ondersteuning van het serviceconfiguratiemanagement.

Term	Definition	Begrip	Definitie
configuration record	A record containing the details of a configuration item (CI). Each configuration record documents the lifecycle of a single CI. Configuration records are stored in a configuration management database.	configuration record / configuratieregistratie	Een record dat de details van een configuratie-item (CI) bevat. Elke configuration record legt de levenscyclus van een afzonderlijk CI vast. Configuration records worden opgeslagen in een configuratiemanagementdatabase.
continual improvement practice	The practice of aligning an organization's practices and services with changing business needs through the ongoing identification and improvement of all elements involved in the effective management of products and services.	continual improvement practice / voortdurend verbeteren practice	De practice om de practices en services van een organisatie af te stemmen op veranderende businessbehoeften door het voortdurend identificeren en verbeteren van alle elementen die betrokken zijn bij het effectieve management van producten en services.
continuous deployment	An integrated set of practices and tools used to deploy software changes into the production environment. These software changes have already passed pre-defined automated tests.	continuous deployment / continue uitrol	Een geïntegreerde reeks practices en tools die worden gebruikt om softwarechanges in de productieomgeving te implementeren. Deze softwarechanges hebben vooraf gedefinieerde, geautomatiseerde tests reeds doorstaan.
continuous integration / continuous delivery	An integrated set of practices and tools used to merge developers' code, build and test the resulting software, and package it so that it is ready for deployment.	continue integratie / continue levering	Een geïntegreerde reeks practices en tools die worden gebruikt om de code van ontwikkelaars samen te voegen, de resulterende software te bouwen, te testen en te packagen, zodat deze klaar is voor uitrol.
control	The means of managing a risk, ensuring that a business objective is achieved, or that a process is followed.	control / beheersing	Een middel om een risico te beheersen en ervoor te zorgen dat een businessdoelstelling wordt gerealiseerd of dat een proces wordt gevolgd.
cost	The amount of money spent on a specific activity or resource.	kosten	De hoeveelheid geld die is uitgegeven aan een bepaalde activiteit of resource.
cost centre	A business unit or project to which costs are assigned.	cost centre / kostenplaats	Een businessunit of project waaraan kosten worden toegerekend.
critical success factor (CSF)	A necessary precondition for the achievement of intended results.	kritieke succesfactor (CSF)	Een noodzakelijke voorwaarde voor het bereiken van de beoogde resultaten.

Term	Definition	Begrip	Definitie
culture	A set of values that is shared by a group of people, including expectations about how people should behave, ideas, beliefs, and practices.	cultuur	Een reeks waarden die door een groep mensen wordt gedeeld, waaronder verwachtingen over hoe mensen zich moeten gedragen, hun ideeën, overtuigingen en practices.
customer	The role that defines the requirements for a service and takes responsibility for the outcomes of service consumption.	klant	De rol die de vereisten voor een service bepaalt en verantwoordelijk is voor de uitkomsten die uit de serviceconsumptie voortvloeien.
customer experience (CX)	The sum of functional and emotional interactions with a service and service provider as perceived by a service customer.	klantenervaringen (CX)	Het geheel van functionele en emotionele interacties met een service en serviceprovider die door klanten worden ervaren.
dashboard	A real-time graphical representation of data.	dashboard	Een grafische realtimeweergave van gegevens.
deliver and support	The value chain activity that ensures services are delivered and supported according to agreed specifications and stakeholders' expectations.	opleveren en ondersteunen	De waardeketenactiviteit die ervoor zorgt dat services worden opgeleverd en ondersteund volgens overeengekomen specificaties en verwachtingen van stakeholders.
demand	Input to the service value system based on opportunities and needs from internal and external stakeholders.	de vraag	De input in het servicewaardesysteem op basis van mogelijkheden en behoeften van interne en externe stakeholders.
deployment	The movement of any service component into any environment.	uitrol	De verplaatsing van een component van een service naar elke willekeurige omgeving.
deployment management practice	The practice of moving new or changed hardware, software, documentation, processes, or any other service component to live environments.	deployment management practice / uitrolmanagement practice	De practice waarbij nieuwe of gewijzigde hardware, software, documentatie, processen of enige andere componenten van services naar productieomgevingen te verplaatsen.
design and transition	The value chain activity that ensures products and services continually meet stakeholder expectations for quality, costs, and time to market.	ontwerpen en transitie	De waardeketenactiviteit die ervoor zorgt dat producten en services voortdurend aan de verwachtingen van stakeholders voldoen wat betreft de kwaliteit, kosten en time-to-market.

Term	Definition	Begrip	Definitie
design thinking	A practical and human-centred approach used by product and service designers to solve complex problems and find practical and creative solutions that meet the needs of an organization and its customers.	design thinking / ontwerpdenken	Een praktische en mensgerichte aanpak die wordt gebruikt door product- en serviceontwerpers voor het oplossen van complexe problems en het bedenken van praktische en creatieve oplossingen die voldoen aan de behoeften van een organisatie en haar klanten.
development environment	An environment used to create or modify IT services or applications.	ontwikkelomgeving	Een omgeving die wordt gebruikt om IT-services of IT-applicaties te creëren of aan te passen.
DevOps	An organizational culture that aims to improve the flow of value to customers. DevOps focuses on culture, automation, Lean, measurement, and sharing (CALMS).	DevOps	Een organisatiecultuur die is gericht op het verbeteren van de waardestroom naar klanten. DevOps richt zich op cultuur, automatisering, Lean, meten en delen (sharing) (CALMS).
digital transformation	The evolution of traditional business models to meet the needs of highly empowered customers, with technology playing an enabling role.	digitale transformatie	De evolutie van traditionele businessmodellen om aan de behoeften van zeer empowered klanten te voldoen, waarbij technologie een faciliterende rol speelt.
disaster	A sudden unplanned event that causes great damage or serious loss to an organization. A disaster results in an organization failing to provide critical business functions for some predetermined minimum period of time.	ramp	Een plotseling en ongepland event dat voor een organisatie grote schade of ernstig verlies veroorzaakt. Een ramp heeft tot gevolg dat een organisatie gedurende een vooraf bepaalde minimale periode geen kritische businessfuncties kan leveren.
disaster recovery plans	A set of clearly defined plans related to how an organization will recover from a disaster as well as return to a pre-disaster condition, considering the four dimensions of service management.	rampherstelplannen	Een reeks duidelijk omschreven plannen met betrekking tot hoe een organisatie van een ramp herstelt en terugkeert naar de toestand voorafgaand aan een ramp, rekening houdend met de vier dimensies van service management.
driver	Something that influences strategy, objectives, or requirements.	driver / drijfveer	Iets wat van invloed is op de strategie, doelstellingen of vereisten.
effectiveness	A measure of whether the objectives of a practice, service or activity have been achieved.	effectiviteit	Een meting die aangeeft of de doelstellingen van een practice, service of activiteit zijn behaald.

Term	Definition	Begrip	Definitie
efficiency	A measure of whether the right amount of resources have been used by a practice, service, or activity.	efficiëntie	Een meting die aangeeft of het juiste aantal resources is ingezet door een practice, service of activiteit.
emergency change	A change that must be introduced as soon as possible.	emergency change / noodwijziging	Een change die zo snel mogelijk moet worden ingevoerd.
engage	The value chain activity that provides a good understanding of stakeholder needs, transparency, continual engagement, and good relationships with all stakeholders.	engage / betrekken	De waardeketenactiviteit die begrip geeft van de behoeften van stakeholders, transparantie, voortdurende betrokkenheid en goede relaties met alle stakeholders.
environment	A subset of the IT infrastructure that is used for a particular purpose, for example a live environment or test environment. Can also mean the external conditions that influence or affect something.	omgeving	Een deelverzameling van de IT-infrastructuur die voor een specifiek doel wordt gebruikt, zoals een operationele omgeving of testomgeving. Kan ook verwijzen naar de externe omstandigheden die iets beïnvloeden.
error	A flaw or vulnerability that may cause incidents.	error / fout	Een error of kwetsbaarheid die incidenten kan veroorzaken.
error control	Problem management activities used to manage known errors.	error control / foutbeheersing	Activiteiten in de problem management practice die worden gebruikt om known errors te managen.
escalation	The act of sharing awareness or transferring ownership of an issue or work item.	escalatie	Het delen van bewustzijn over of het overdragen van eigenaarschap van een issue of werkitem.
event	Any change of state that has significance for the management of a service or other configuration item.	event / gebeurtenis	Statuswijziging die betekenis heeft voor het management van een service of een ander configuratie-item.
external customer	A customer who works for an organization other than the service provider.	externe klant	Een klant die voor een andere organisatie werkt dan die van de serviceprovider.
failure	A loss of ability to operate to specification, or to deliver the required output or outcome.	storing	Het verlies van de mogelijkheid om volgens een specificatie te werken of om de vereiste output of uitkomst te leveren.

Term	Definition	Begrip	Definitie
feedback loop	A technique whereby the outputs of one part of a system are used as inputs to the same part of the system.	feedback loop	Een techniek waarbij de outputs van het ene deel van het systeem worden gebruikt als inputs voor hetzelfde deel van het systeem.
four dimensions of service management	The four perspectives that are critical to the effective and efficient facilitation of value for customers and other stakeholders in the form of products and services.	vier dimensies van service management	De vier perspectieven die cruciaal zijn voor het effectief en efficiënt faciliteren van waarde in de vorm van producten en services richting klanten en andere stakeholders.
goods	Tangible resources that are transferred or available for transfer from a service provider to a service consumer, together with ownership and associated rights and responsibilities.	goederen	Materiële resources die worden overgedragen of voor overdracht beschikbaar worden gesteld door een serviceprovider voor de consument van de service, tezamen met het eigenaarschap en de bijbehorende rechten en verantwoordelijkheden.
governance	The means by which an organization is directed and controlled.	governance	De wijze waarop een organisatie wordt bestuurd en hoe de organisatie wordt beheerst.
identity	A unique name that is used to identify and grant system access rights to a user, person, or role.	identiteit	Een unieke naam die wordt gebruikt voor het identificeren en verstrekken van systeemtoegangsrechten aan een gebruiker, persoon of rol.
improve	The value chain activity that ensures continual improvement of products, services, and practices across all value chain activities and the four dimensions of service management.	verbeteren	De waardeketenactiviteit die zorgt voor een voortdurende verbetering van producten, services en practices binnen alle waardeketenactiviteiten en de vier dimensies van service management.
incident	An unplanned interruption to a service or reduction in the quality of a service.	incident	Een ongeplande onderbreking van een service of kwaliteitsvermindering van een service.
incident management	The practice of minimizing the negative impact of incidents by restoring normal service operation as quickly as possible.	incident management / incidentmanagement	De practice waarbij de negatieve impact van incidenten wordt geminimaliseerd door de normale serviceverlening zo snel mogelijk te herstellen.

Term	Definition	Begrip	Definitie
information and technology	One of the four dimensions of service management. It includes the information and knowledge used to deliver services, and the information and technologies used to manage all aspects of the service value system.	informatie en technologie	Een van de vier dimensies van service management. Deze omvat de informatie en kennis die worden gebruikt voor de oplevering van services en de informatie en technologieën die worden gebruikt om alle aspecten van het service value system te managen.
information security management practice	The practice of protecting an organization by understanding and managing risks to the confidentiality, integrity, and availability of information.	information security management practice / informatiebeveiligingsmanagement practice	De practice waarbij een organisatie wordt beschermd door de risico's omtrent de vertrouwelijkheid, integriteit en beschikbaarheid van informatie te begrijpen en te managen.
information security policy	The policy that governs an organization's approach to information security management.	information security policy / informatiebeveiligingsbeleid	Het beleid dat de aanpak van het informatiebeveiligingsmanagement van een organisatie bestuurt.
infrastructure and platform management practice	The practice of overseeing the infrastructure and platforms used by an organization. This enables the monitoring of technology solutions available, including solutions from third parties.	infrastructure and platform management practice / infrastructuur- en platformmanagement practice	De practice voor het toezicht op de infrastructuur en platforms die door een organisatie worden gebruikt. Dit maakt de monitoring van beschikbare technologische oplossingen mogelijk, inclusief oplossingen van derden.
integrity	A security objective that ensures information is only modified by authorized personnel and activities.	integriteit	Een doelstelling wat betreft security die ervoor zorgt dat informatie alleen wordt gewijzigd door geautoriseerd personeel en geautoriseerde activiteiten.
internal customer	A customer who works for the same organization as the service provider.	interne klant	Een klant die voor dezelfde organisatie werkt waartoe de serviceprovider behoort.
Internet of Things	The interconnection of devices via the internet that were not traditionally thought of as IT assets, but now include embedded computing capability and network connectivity.	Internet of Things (IoT)	De onderlinge koppeling via het internet van apparaten die voorheen niet als IT-assets werden beschouwd, maar nu ook ingebouwde computingvermogen en netwerkconnectiviteit omvatten.

Term	Definition	Begrip	Definitie
IT asset	Any financially valuable component that can contribute to the delivery of an IT product or service.	IT-asset / IT-bedrijfsmiddel	Elk component met een financiële waarde die kan bijdragen aan de oplevering van een IT-product of IT-service.
IT asset management practice	The practice of planning and managing the full lifecycle of all IT assets.	IT asset management practice / IT-assetmanagement practice	De practice voor de planning en het managen van de volledige levenscyclus van alle IT-assets.
IT infrastructure	All of the hardware, software, networks, and facilities that are required to develop, test, deliver, monitor, manage, and support IT services.	IT-infrastructuur	Alle hardware, software, netwerken en faciliteiten die nodig zijn om IT-services te ontwikkelen, testen, opleveren, monitoren, managen en ondersteunen.
IT service	A service based on the use of information technology.	IT-service / IT-dienst	Een service die is gebaseerd op het gebruik van informatietechnologie.
ITIL	Best-practice guidance for IT service management.	ITIL	Uit best practices bestaande richtlijnen voor IT-service management.
ITIL guiding principles	Recommendations that can guide an organization in all circumstances, regardless of changes in its goals, strategies, type of work, or management structure.	ITIL-richtinggevende principes	Aanbevelingen die een organisatie onder alle omstandigheden een richtlijn bieden, ongeacht changes in haar doelstellingen, strategieën, type werkzaamheden of managementstructuur.
ITIL service value chain	An operating model for service providers that covers all the key activities required to effectively manage products and services.	ITIL-servicewaardeketen	Een operating model voor serviceproviders dat alle belangrijke activiteiten omvat die nodig zijn voor een effectief management van producten en services.
Kanban	A method for visualizing work, identifying potential blockages and resource conflicts, and managing work in progress.	Kanban	Een methode voor het visualiseren van werk, het identificeren van potentiële blokkades en resourceconflicten en het managen van werk in uitvoering.
key performance indicator (KPI)	An important metric used to evaluate the success in meeting an objective.	key performance indicator (KPI) / belangrijke prestatie-indicator	Een belangrijke metric voor het beoordelen van het succes van het behalen van een doelstelling.

Term	Definition	Begrip	Definitie
knowledge management practice	The practice of maintaining and improving the effective, efficient, and convenient use of information and knowledge across an organization.	knowledge management practice / kennismanagement practice	De practice van het bijhouden en verbeteren van een effectief, efficiënt en zinnig gebruik van informatie en kennis binnen een organisatie.
known error	A problem that has been analysed but has not been resolved.	known error / onderkende fout	Een problem dat is geanalyseerd maar nog niet is opgelost.
Lean	An approach that focuses on improving workflows by maximizing value through the elimination of waste.	Lean	Een aanpak die zich richt op het verbeteren van workflows door het maximaliseren van waarde door het elimineren van verspilling.
lifecycle	The full set of stages, transitions, and associated statuses in the life of a service, product, practice, or other entity.	levenscyclus	De volledige reeks fasen, transities en bijbehorende statussen gedurende de levenscyclus van een service, product, practice of andere entiteit.
live	Refers to a service or other configuration item operating in the live environment.	live / in productie	Verwijst naar een service of ander configuratie-item die in de operationele omgeving actief is.
live / production environment	A controlled environment used in the delivery of IT services to service consumers.	productieomgeving	Een beheerste omgeving die wordt gebruikt bij de oplevering van IT-services aan consumenten van de service.
maintainability	The ease with which a service or other entity can be repaired or modified.	onderhoudbaarheid	Het gemak waarmee een service of andere entiteit kan worden gerepareerd of gewijzigd.
major incident	An incident with significant business impact, requiring an immediate coordinated resolution.	major incident / ernstig incident	Een incident met een aanzienlijke businessimpact, waarvoor een onmiddellijke en gecoördineerde oplossing vereist is.
management system	Interrelated or interacting elements that establish policy and objectives and enable the achievement of those objectives.	management system / managementsysteem	Aan elkaar verbonden of op elkaar inwerkende elementen die het beleid en de doelstellingen bepalen, en die de verwezenlijking van deze doelstellingen mogelijk maken.
maturity	A measure of the reliability, efficiency and effectiveness of an organization, practice, or process.	volwassenheid	Een maat voor de betrouwbaarheid, efficiëntie en effectiviteit van een organisatie, practice of proces.

Term	Definition	Begrip	Definitie
mean time between failures (MTBF)	A metric of how frequently a service or other configuration item fails.	mean time between failures (MTBF) / gemiddelde tijd tussen storingen	Een metric waarin wordt uitgedrukt hoe vaak een service of ander configuratie-item faalt.
mean time to restore service (MTRS)	A metric of how quickly a service is restored after a failure.	mean time to restore service (MTRS) / gemiddelde tijd om een dienst te herstellen	Een metric waarin wordt uitgedrukt hoe snel een service na een storing hervat wordt.
measurement and reporting	The practice of supporting good decision-making and continual improvement by decreasing levels of uncertainty.	meting en rapportage	De practice waarbij goede besluitvorming en voortdurend verbeteren worden ondersteund door de mate van onzekerheid te verminderen.
metric	A measurement or calculation that is monitored or reported for management and improvement.	metric / meetwaarde	Een meting of berekening die wordt bewaakt of gerapporteerd voor management en verbetering.
minimum viable product (MVP)	A product with just enough features to satisfy early customers, and to provide feedback for future product development.	minimum viable product (MVP) / minimaal levensvatbaar product	Een product met net voldoende functionaliteit om vroege klanten tevreden te stellen en in staat te stellen feedback te geven voor toekomstige productontwikkeling.
mission	A short but complete description of the overall purpose and intentions of an organization.	missie	Een korte maar volledige beschrijving van het algemene doel en de intenties van een organisatie.
model	A representation of a system, practice, process, service, or other entity that is used to understand and predict its behaviour and relationships.	model	Een weergave van een systeem, practice, proces, service of andere entiteit die wordt gebruikt om de bijbehorende gedragingen en relaties te begrijpen en te voorspellen.
modelling	The activity of creating, maintaining, and utilizing models.	modelleren	De activiteit van het maken, onderhouden en gebruiken van modellen.
monitoring	Repeated observation of a system, practice, process, service, or other entity to detect events and to ensure that the current status is known.	monitoring	Herhaalde observatie van een systeem, practice, proces, service of andere entiteit om events te detecteren en ervoor te zorgen dat de actuele status bekend is.

Term	Definition	Begrip	Definitie
monitoring and event management practice	The practice of systematically observing services and service components, and recording and reporting selected changes of state identified as events.	monitoring and event management practice / monitoring en eventmanagement practice	De practice van het systematisch observeren van (componenten van) services en het vastleggen en rapporteren van geselecteerde statuswijzigingen die als events zijn gedefinieerd.
obtain/build	The value chain activity that ensures service components are available when and where they are needed, and that they meet agreed specifications.	verkrijgen / bouwen	De waardeketenactiviteit die ervoor zorgt dat componenten van services beschikbaar zijn wanneer en waar ze nodig zijn, en aan de overeengekomen specificaties voldoen.
operation	The routine running and management of an activity, product, service, or other configuration item.	productie	Het routinematige uitvoeren en managen van een activiteit, product, service of ander configuratie-item.
operational technology	The hardware and software solutions that detect or cause changes in physical processes through direct monitoring and/or control of physical devices such as valves, pumps, etc.	operationele technologie	De hardware- en softwareoplossingen die changes in fysieke processen detecteren of veroorzaken door directe monitoring en/of de beheersing van fysieke apparaten zoals kleppen, pompen, etc.
organization	A person or a group of people that has its own functions with responsibilities, authorities, and relationships to achieve its objectives.	organisatie	Een persoon of groep mensen en de door hen gebruikte tools voor het uitvoeren van één of meer processen of activiteiten met verantwoordelijkheden, bevoegdheden en relaties voor het bereiken van doelstellingen.
organizational change management practice	The practice of ensuring that changes in an organization are smoothly and successfully implemented and that lasting benefits are achieved by managing the human aspects of the changes.	organizational change management practice / organisatieverandermanagement	De practice om ervoor te zorgen dat changes in een organisatie soepel en succesvol worden geïmplementeerd en dat er blijvende benefits worden behaald door de menselijke aspecten van de changes te beheren.
organizational resilience	The ability of an organization to anticipate, prepare for, respond to, and adapt to unplanned external influences.	organizational resilience / organisatieveerkracht	De mogelijkheid van een organisatie om te anticiperen op, zich voor te bereiden op, te reageren op en zich aan te passen aan ongeplande externe invloeden.

Term	Definition	Begrip	Definitie
organizational velocity	The speed, effectiveness, and efficiency with which an organization operates. Organizational velocity influences time to market, quality, safety, costs, and risks.	organizational velocity / organisatiesnelheid	De snelheid, effectiviteit en efficiëntie waarmee een organisatie werkt. Organizational velocity beïnvloedt de time-to-market, kwaliteit, veiligheid, kosten en risico's.
organizations and people	One of the four dimensions of service management. It ensures that the way an organization is structured and managed, as well as its roles, responsibilities, and systems of authority and communication, is well defined and supports its overall strategy and operating model.	organisaties en mensen	Een van de vier dimensies van service management. Zorgt ervoor dat de manier waarop een organisatie is gestructureerd en wordt gemanaged, evenals haar rollen, verantwoordelijkheden en bevoegdheids- en communicatiesystemen, goed is gedefinieerd, en de algemene strategie en het operating model ondersteunt.
outcome	A result for a stakeholder enabled by one or more outputs.	uitkomst	Een resultaat dat door een stakeholder wordt behaald en mogelijk is gemaakt door een of meer outputs.
output	A tangible or intangible deliverable of an activity.	output	Een tastbare of niet-tastbare deliverable van een activiteit.
outsourcing	The process of having external suppliers provide products and services that were previously provided internally.	outsourcing / uitbesteding	Het proces waarbij externe leveranciers producten en services opleveren die eerder intern werden verstrekt.
partners and suppliers	One of the four dimensions of service management. It encompasses the relationships an organization has with other organizations that are involved in the design, development, deployment, delivery, support, and/or continual improvement of services.	partners en leveranciers	Een van de vier dimensies van service management. Deze omvat de relaties die een organisatie heeft met andere organisaties die betrokken zijn bij het ontwerpen, ontwikkelen, uitrollen, leveren, ondersteunen en/of voortdurend verbeteren van services.
partnership	A relationship between two organizations that involves working closely together to achieve common goals and objectives.	partnerschap	Een relatie tussen twee organisaties waarbij nauw wordt samengewerkt om gemeenschappelijke doelstellingen te behalen.
performance	A measure of what is achieved or delivered by a system, person, team, practice, or service.	prestatie	Een meting van wat is gerealiseerd of opgeleverd door een systeem, persoon, team, practice of service.

Term	Definition	Begrip	Definitie
pilot	A test implementation of a service with a limited scope in a live environment.	pilot	Een testimplementatie van een service met een beperkte scope in een operationele omgeving.
plan	The value chain activity that ensures a shared understanding of the vision, current status, and improvement direction for all four dimensions and all products and services across an organization.	plannen	De waardeketenactiviteit die zorgt voor een gedeeld begrip van de visie, de huidige status en de verbeteringsrichting voor alle vier dimensies en alle producten en services binnen een organisatie.
policy	Formally documented management expectations and intentions, used to direct decisions and activities.	beleid	Formeel vastgelegde managementverwachtingen en -intenties die worden gebruikt om het nemen van beslissingen en uitvoeren van activiteiten te sturen.
portfolio management practice	The practice of ensuring that an organization has the right mix of programmes, projects, products, and services to execute its strategy within its funding and resource constraints.	portfolio management practice / portfoliomanagement practice	De practice om ervoor te zorgen dat een organisatie over de juiste combinatie van programma's, projecten, producten en services beschikt om haar strategie uit te voeren binnen haar financierings- en resourcebeperkingen.
post-implementation review (PIR)	A review after the implementation of a change, to evaluate success and identify opportunities for improvement.	post-implementation review (PIR) / postimplementatie review	Een review na de implementatie van een change om het succes te beoordelen en mogelijkheden voor verbetering te identificeren.
practice	A set of organizational resources designed for performing work or accomplishing an objective.	practice / praktijk	Een reeks organisatorische resources die zijn ontworpen voor het uitvoeren van werkzaamheden of het bereiken van een doelstelling.
problem	A cause, or potential cause, of one or more incidents.	problem / probleem	Een oorzaak of mogelijke oorzaak van een of meer incidenten.
problem management practice	The practice of reducing the likelihood and impact of incidents by identifying actual and potential causes of incidents, and managing workarounds and known errors.	problem management practice / problemmanagement practice	De practice van het verminderen van de waarschijnlijkheid en de impact van incidenten door feitelijke en mogelijke oorzaken van incidenten te identificeren en workarounds en known errors te managen.
procedure	A documented way to carry out an activity or a process.	procedure	Een vastgelegde manier om een activiteit of een proces uit te voeren.

Term	Definition	Begrip	Definitie
process	A set of interrelated or interacting activities that transform inputs into outputs. Processes define the sequence of actions and their dependencies.	proces	Een reeks onderling verbonden of op elkaar inwerkende activiteiten die inputs omzetten in outputs. Processen bepalen de volgorde van handelingen en hun afhankelijkheden.
product	A configuration of an organization's resources designed to offer value for a consumer.	product	Een configuratie van de resources van een organisatie die is ontworpen om waarde voor een consument te bieden.
programme	A set of related projects and activities, and an organization structure created to direct and oversee them.	programma	Een reeks verwante projecten en activiteiten, en een organisatiestructuur die is opgezet om deze aan te sturen en te overzien.
project	A temporary structure that is created for the purpose of delivering one or more outputs (or products) according to an agreed business case.	project	Een tijdelijke structuur die is gemaakt met het doel om een of meer outputs (of producten) op te leveren volgens een overeengekomen business case.
project management practice	The practice of ensuring that all an organization's projects are successfully delivered.	project management practice / projectmanagement practice	De practice om ervoor te zorgen dat alle projecten van een organisatie succesvol worden opgeleverd.
quick win	An improvement that is expected to provide a return on investment in a short period of time with relatively small cost and effort.	quick win / snel resultaat	Een verbetering waarvan verwacht wordt dat deze binnen korte tijd en met relatief weinig kosten en inspanning een rendement op de investering oplevert.
record	A document stating results achieved and providing evidence of activities performed.	record / registratie	Een document waarin de behaalde resultaten worden vermeld en bewijs wordt geleverd van uitgevoerde activiteiten.
recovery	The activity of returning a configuration item to normal operation after a failure.	herstel	De activiteit om een configuratie-item na een storing weer terug te brengen naar de normale werking.
recovery point objective (RPO)	The point to which information used by an activity must be restored to enable the activity to operate on resumption.	recovery point objective (RPO) / beoogd herstelpunt	Het punt waarnaar gegevens die door een activiteit worden gebruikt, moet worden hersteld om de activiteit te kunnen hervatten.

Term	Definition	Begrip	Definitie
recovery time objective (RTO)	The maximum acceptable period of time following a service disruption that can elapse before the lack of business functionality severely impacts the organization.	recovery time objective (RTO) / beoogde hersteltijd	De maximaal acceptabele periode die na de onderbreking van een service mag verstrijken voordat het gebrek aan businessfunctionaliteit een ernstige impact op de organisatie heeft.
relationship management practice	The practice of establishing and nurturing links between an organization and its stakeholders at strategic and tactical levels.	relationship management practice / relatiemanagement practice	De practice van het opbouwen en koesteren van relaties op strategisch en tactisch niveau tussen een organisatie en haar stakeholders.
release	A version of a service or other configuration item, or a collection of configuration items, that is made available for use.	release	Een versie van een service of ander configuratie-item, of een verzameling configuratie-items, die voor gebruik beschikbaar is gesteld.
release management practice	The practice of making new and changed services and features available for use.	release management practice / releasemanagement practice	De practice om nieuwe en veranderde services en functionaliteiten beschikbaar te stellen voor gebruik.
reliability	The ability of a product, service, or other configuration item to perform its intended function for a specified period of time or number of cycles.	betrouwbaarheid	De mogelijkheid van een product, service of ander configuratie-item om de beoogde functie gedurende een opgegeven periode of aantal cycli uit te voeren.
request catalogue	A view of the service catalogue, providing details on service requests for existing and new services, which is made available for the user.	request catalogue / verzoekscatalogus	Een perspectief van de servicecatalogus met details over servicerequests voor bestaande en nieuwe services, die aan de gebruiker beschikbaar wordt gesteld.
request for change (RFC)	A description of a proposed change used to initiate change enablement.	request for change (RFC) / wijzigingsverzoek	Een beschrijving van een voorgestelde change die wordt gebruikt om het change enablement te initiëren.
resolution	The action of solving an incident or problem.	oplossing	Het verhelpen van een incident of problem.

Term	Definition	Begrip	Definitie
resource	Personnel, material, finance or other entity required for the execution of an activity or the achievement of an objective. Resources used by an organization may be owned by the organization or used according to an agreement with the resource owner.	resource / middel	Personeel, materiaal, geld of een andere zaken die vereist zijn voor de uitvoering van een activiteit of het behalen van een doelstelling. Resources die door een organisatie worden gebruikt, kunnen eigendom zijn van de organisatie of worden gebruikt conform een overeenkomst met de eigenaar van de desbetreffende resources.
retire	The act of permanently withdrawing a product, service, or other configuration item from use.	uitfaseren	Het permanent buiten gebruik stellen van een product, service of ander configuratie-item.
risk	A possible event that could cause harm or loss, or make it more difficult to achieve objectives. Can also be defined as uncertainty of outcome, and can be used in the context of measuring the probability of positive outcomes as well as negative outcomes.	risico	Een mogelijke event die schade of verlies kan toebrengen, of het moeilijker maakt om doelstellingen te realiseren. Risico kan ook worden gedefinieerd als onzekerheid van de uitkomst en kan worden gebruikt als maatstaf voor de waarschijnlijkheid van positieve en/of negatieve uitkomsten.
risk assessment	An activity to identify, analyse, and evaluate risks.	risico-assessment	Een activiteit voor het identificeren, analyseren en evalueren van risico's.
risk management practice	The practice of ensuring that an organization understands and effectively handles risks.	risk management practice / risicomanagement practice	De practice om ervoor te zorgen dat een organisatie risico's begrijpt en effectief aanpakt.
service	A means of enabling value co-creation by facilitating outcomes that customers want to achieve, without the customer having to manage specific costs and risks.	service / dienst	Een middel om de co-creatie van waarde mogelijk te maken door het faciliteren van uitkomsten die klanten willen bereiken, zonder dat de klant daarbij specifieke kosten en risico's hoeft te managen.
service action	Any action required to deliver a service output to a user. Service actions may be performed by a service provider resource, by service users, or jointly.	service action / serviceactie	Elke actie die nodig is om de output van een service aan een gebruiker op te leveren. Service actions kunnen worden uitgevoerd door de inzet van een resource van de serviceprovider, door gebruikers van de service of gezamenlijk.

Term	Definition	Begrip	Definitie
service architecture	A view of all the services provided by an organization. It includes interactions between the services, and service models that describe the structure and dynamics of each service.	servicearchitectuur	Een perspectief van alle services die door een organisatie worden geleverd. Het omvat interacties tussen de services en servicemodellen die de structuur en dynamiek van elke service beschrijven.
service catalogue	Structured information about all the services and service offerings of a service provider, relevant for a specific target audience.	servicecatalogus	Gestructureerde informatie over alle services en serviceaanbod van een serviceprovider, die relevant is voor een specifieke doelgroep.
service catalogue management practice	The practice of providing a single source of consistent information on all services and service offerings, and ensuring that it is available to the relevant audience.	service catalogue management practice / servicecatalogusmanagement practice	De practice om een enkele bron van consistente informatie over alle services en serviceaanbod te bieden en ervoor te zorgen dat deze beschikbaar is voor degenen die deze informatie nodig hebben.
service configuration management practice	The practice of ensuring that accurate and reliable information about the configuration of services, and the configuration items that support them, is available when and where needed.	service configuration management practice / serviceconfiguratiemanagement practice	De practice om ervoor te zorgen dat, wanneer en waar nodig, nauwkeurige en betrouwbare informatie beschikbaar is over de configuratie van services en de configuratie-items die deze ondersteunen.
service consumption	Activities performed by an organization to consume services. It includes the management of the consumer's resources needed to use the service, service actions performed by users, and the receiving (acquiring) of goods (if required).	serviceconsumptie	Activiteiten die door een organisatie worden uitgevoerd voor de consumptie van services. Deze omvatten het beheren van resources van de consument die nodig zijn om de service te gebruiken, service actions die door gebruikers worden uitgevoerd en het ontvangen (verwerven) van goederen (indien nodig).
service continuity management practice	The practice of ensuring that service availability and performance are maintained at a sufficient level in case of a disaster.	service continuity management practice / servicecontinuïteitsmanagement practice	De practice om ervoor te zorgen dat in het geval van een ramp de beschikbaarheid en prestaties van services op een voldoende niveau worden gehandhaafd.

Term	Definition	Begrip	Definitie
service design practice	The practice of designing products and services that are fit for purpose, fit for use, and that can be delivered by the organization and its ecosystem.	service design practice / serviceontwerp practice	De practice van het ontwerpen van producten en services die fit for purpose en fit for use zijn en door de organisatie en haar ecosysteem kunnen worden opgeleverd.
service desk	The point of communication between the service provider and all its users.	servicedesk	Het communicatiepunt tussen de serviceprovider en al zijn gebruikers.
service desk practice	The practice of capturing demand for incident resolution and service requests.	service desk practice / servicedesk practice	De practice om de vraag naar incidentoplossing en servicerequests op te vangen.
service financial management practice	The practice of supporting an organization's strategies and plans for service management by ensuring that the organization's financial resources and investments are being used effectively.	service financial management practice / financieel management van services practice	De practice om de strategieën en plannen van een organisatie voor service management te ondersteunen door ervoor te zorgen dat de financiële resources en investeringen van de organisatie effectief worden ingezet.
service level	One or more metrics that define expected or achieved service quality.	servicelevel	Een of meer metrics waarmee de verwachte of bereikte kwaliteit van services wordt gedefinieerd.
service level agreement (SLA)	A documented agreement between a service provider and a customer that identifies both services required and the expected level of service.	service level agreement (SLA) / dienstenniveau overeenkomst	Een vastgelegde overeenkomst tussen een serviceprovider en een klant, waarin zowel de vereiste services als het verwachte serviceniveau worden bepaald.
service level management practice	The practice of setting clear business-based targets for service performance so that the delivery of a service can be properly assessed, monitored, and managed against these targets.	service level management practice / servicelevelmanagement practice	De practice om duidelijke busniess gebaseerde doelen voor de prestaties van services vast te stellen, zodat de levering van een service goed kan worden beoordeeld, gemonitord en gemanaged met deze doelen.
service management	A set of specialized organizational capabilities for enabling value for customers in the form of services.	service management / servicemanagement	Het geheel van gespecialiseerde organisatorische vaardigheden om waarde aan klanten in de vorm van services mogelijk te maken.
service offering	A formal description of one or more services, designed to address the needs of a target consumer group. A service offering may include goods, access to resources, and service actions.	serviceaanbod	Een formele beschrijving van een of meerdere services, ontworpen om aan de behoeften van een doelgroep te voldoen. Een serviceaanbod kan goederen, toegang tot resources en service actions omvatten.

Term	Definition	Begrip	Definitie
service owner	A role that is accountable for the delivery of a specific service.	service-eigenaar	Een rol die eindverantwoordelijk is voor de oplevering van een bepaalde service.
service portfolio	A complete set of products and services that are managed throughout their lifecycles by an organization.	serviceportfolio	Een volledige reeks producten en services die gedurende hun hele levenscyclus door een organisatie worden gemanaged.
service provider	A role performed by an organization in a service relationship to provide services to consumers.	serviceprovider	Een rol die door een organisatie wordt uitgevoerd binnen een servicerelatie voor het leveren van services aan consumenten.
service provision	Activities performed by an organization to provide services. It includes management of the provider's resources, configured to deliver the service; ensuring access to these resources for users; fulfilment of the agreed service actions; service level management; and continual improvement. It may also include the supply of goods.	serviceverlening	Activiteiten die door een organisatie worden uitgevoerd voor het verlenen van services. Deze omvatten het beheer van de resources van de serviceprovider die zijn geconfigureerd voor de oplevering van de service; het toegankelijk maken van deze resources voor gebruikers; het uitvoeren van de overeengekomen service actions; het managen van het servicelevel; en het voortdurend verbeteren. Deze kunnen ook de verstrekking van goederen omvatten.
service relationship	A cooperation between a service provider and service consumer. Service relationships include service provision, service consumption, and service relationship management.	servicerelatie	De samenwerking tussen een serviceprovider en een consument van de service. Servicerelaties omvatten serviceverlening, de consumptie van service en het managen van de servicerelatie.
service relationship management	Joint activities performed by a service provider and a service consumer to ensure continual value co-creation based on agreed and available service offerings.	service relationship management / servicerelatiemanagement	Gezamenlijke activiteiten die door een serviceprovider en een consument van de service worden uitgevoerd om te zorgen voor de voortdurende co-creatie van waarde op basis van het overeengekomen en beschikbare serviceaanbod.
service request	A request from a user or a user's authorized representative that initiates a service action which has been agreed as a normal part of service delivery.	servicerequest	Een verzoek van een gebruiker of een door de gebruiker gemachtigde vertegenwoordiger dat leidt tot een service action die, conform de overeenkomst, onderdeel is van de standaard servicelevering.

Term	Definition	Begrip	Definitie
service request management practice	The practice of supporting the agreed quality of a service by handling all pre-defined, user-initiated service requests in an effective and user-friendly manner.	service request management practice / servicerequestmanagement practice	De practice om de overeengekomen kwaliteit van een service te ondersteunen door alle vooraf gedefinieerde, door de gebruiker geïnitieerde servicerequests op een effectieve en gebruikersvriendelijke manier af te handelen.
service validation and testing practice	The practice of ensuring that new or changed products and services meet defined requirements.	service validation and testing practice / servicevalidatie en testen practice	De practice om ervoor te zorgen dat nieuwe of veranderde producten en services aan gedefinieerde vereisten voldoen.
service value system (SVS)	A model representing how all the components and activities of an organization work together to facilitate value creation.	service value system (SVS) / servicewaardesysteem	Een model dat weergeeft hoe alle componenten en activiteiten van een organisatie samenwerken om waardecreatie te vergemakkelijken.
software development and management practice	The practice of ensuring that applications meet stakeholder needs in terms of functionality, reliability, maintainability, compliance, and auditability.	software development and management practice / softwareontwikkeling en -management practice	De practice om ervoor te zorgen dat applicaties aan de behoeften van stakeholders voldoen wat betreft functionaliteit, betrouwbaarheid, onderhoudbaarheid, compliance en controleerbaarheid.
sourcing	The activity of planning and obtaining resources from a particular source type, which could be internal or external, centralized or distributed, and open or proprietary.	sourcing / inkoop	De activiteit van het plannen en verkrijgen van resources van een bepaald type source, dat intern of extern, gecentraliseerd of gedistribueerd, en open of eigen kan zijn.
specification	A documented description of the properties of a product, service, or other configuration item.	specificatie	Een vastgelegde beschrijving van de kenmerken van een product, service of ander configuratie-item.
sponsor	The role that authorizes budget for service consumption. Can also be used to describe an organization or individual that provides financial or other support for an initiative.	sponsor	De rol die het budget voor de serviceconsumptie autoriseert. Kan ook worden gebruikt om een organisatie of persoon te beschrijven die een initiatief financieel of anderszins ondersteunt.

Term	Definition	Begrip	Definitie
stakeholder	A person or organization that has an interest or involvement in an organization, product, service, practice, or other entity.	stakeholder / belanghebbende	Een persoon of organisatie die een belang of betrokkenheid heeft bij een organisatie, product, service, practice of andere entiteit.
standard	A document, established by consensus and approved by a recognized body, that provides for common and repeated use, mandatory requirements, guidelines, or characteristics for its subject.	norm	Een document dat bij consensus is opgesteld en door een erkende instantie is goedgekeurd, en waarin verplichte vereisten, richtlijnen of kenmerken omtrent het onderwerp voor algemeen en herhaald gebruik worden verstrekt.
standard change	A low-risk, pre-authorized change that is well understood and fully documented, and which can be implemented without needing additional authorization.	standaardchange	Een vooraf geautoriseerde change met een laag risico die goed wordt begrepen en volledig is gedocumenteerd, en die zonder aanvullende autorisatie kan worden geïmplementeerd.
status	A description of the specific states an entity can have at a given time.	status	Een beschrijving van de specifieke toestanden die een entiteit op een bepaald moment kan hebben.
strategy management practice	The practice of formulating the goals of an organization and adopting the courses of action and allocation of resources necessary for achieving those goals.	strategy management practice / strategiemanagement practice	De practice van het formuleren van de doelen van een organisatie, en de te ondernemen acties en de toewijzing van resources die voor het behalen van deze doelen zijn vereist.
supplier	A stakeholder responsible for providing services that are used by an organization.	leverancier	Een stakeholder die verantwoordelijk is voor het leveren van services die door een organisatie worden gebruikt.
supplier management practice	The practice of ensuring that an organization's suppliers and their performance levels are managed appropriately to support the provision of seamless quality products and services.	supplier management practice / leveranciersmanagement practice	De practice om ervoor te zorgen dat de leveranciers van een organisatie en hun prestatieniveaus op de juiste manier worden gemanaged om het leveren van naadloos aansluitende, kwalitatief hoogwaardige producten en services te ondersteunen.

Term	Definition	Begrip	Definitie
support team	A team with the responsibility to maintain normal operations, address users' requests, and resolve incidents and problems related to specified products, services, or other configuration items.	ondersteuningsteam	Een team dat verantwoordelijk is voor de handhaving van de normale productie, het afhandelen van verzoeken van gebruikers en het oplossen van incidenten en problems met betrekking tot specifieke producten, services of andere configuratie-items.
system	A combination of interacting elements organized and maintained to achieve one or more stated purposes.	systeem	Een combinatie van op elkaar inwerkende elementen die zijn georganiseerd en worden onderhouden om een of meer vastgestelde doelen te bereiken.
systems thinking	A holistic approach to analysis that focuses on the way that a system's constituent parts work, interrelate, and interact over time, and within the context of other systems.	systeemdenken	Een holistische analyse-aanpak die zich richt op de manier waarop vastgestelde delen van een systeem in de loop van de tijd en binnen de context van andere systemen werken, met elkaar in wisselwerking staan en op elkaar inwerken.
technical debt	The total rework backlog accumulated by choosing workarounds instead of system solutions that would take longer.	technische schuld	De totale herbewerkingsbacklog die is opgebouwd doordat voor workarounds is gekozen in plaats van systeemoplossingen die langer zouden duren.
test environment	A controlled environment established to test products, services, and other configuration items.	testomgeving	Een beheerste omgeving die is opgezet om producten, services en andere configuratie-items te testen.
third party	A stakeholder external to an organization.	derde partij	Een stakeholder buiten een organisatie.
throughput	A measure of the amount of work performed by a product, service, or other system over a given period of time.	throughput / doorvoer	Een meting voor de hoeveelheid werk die gedurende een bepaalde periode door een product, service of ander systeem is uitgevoerd.
transaction	A unit of work consisting of an exchange between two or more participants or systems.	transactie	Een werkeenheid die bestaat uit een uitwisseling tussen twee of meer deelnemers of systemen.
use case	A technique using realistic practical scenarios to define functional requirements and to design tests.	use case	Een techniek waarbij gebruik wordt gemaakt van realistische praktische scenario's om functionele vereisten te definiëren en tests te ontwerpen.
user	The role that uses services.	gebruiker	De rol die gebruikmaakt van services.

Term	Definition	Begrip	Definitie
user experience (UX)	The sum of functional and emotional interactions with a service and a service provider as perceived by a user.	user experience (UX) / gebruikerservaring	Het geheel van functionele en emotionele interacties met een service en een serviceprovider, zoals die door een gebruiker worden ervaren.
utility	The functionality offered by a product or service to meet a particular need. Utility can be summarized as 'what the service does' and can be used to determine whether a service is 'fit for purpose'. To have utility, a service must either support the performance of the consumer or remove constraints from the consumer. Many services do both.	utility / nut	De functionaliteit die een product of service biedt om aan een bepaalde behoefte te voldoen. Utility kan worden samengevat als 'wat de service doet' en kan worden gebruikt om te bepalen of een service 'fit for purpose' is. Voor het hebben van utility moet een service ofwel de prestaties van de consument ondersteunen ofwel beperkingen van de consument uit de weg ruimen. Vele services doen beide.
utility requirements	Functional requirements which have been defined by the customer and are unique to a specific product.	utilityvereisten	Functionele vereisten die door de klant zijn bepaald en uniek zijn voor een specifiek product.
validation	Confirmation that the system, product, service, or other entity meets the agreed specification.	validatie	De bevestiging dat het systeem, het product, de service of een andere entiteit aan de overeengekomen specificatie voldoet.
value	The perceived benefits, usefulness, and importance of something.	waarde	De waargenomen benefits, nut en belang van iets.
value chain activity	A step of the value chain that an organization takes in the creation of value.	waardeketenactiviteit	Een stap in de waardeketen die een organisatie onderneemt bij het creëren van waarde.
value stream	A series of steps an organization undertakes to create and deliver products and services to consumers.	waardestroom	Een reeks stappen die een organisatie onderneemt om producten en services te creëren en aan consumenten op te leveren.
value streams and processes	One of the four dimensions of service management. It defines the activities, workflows, controls, and procedures needed to achieve the agreed objectives.	waardestromen en processen	Een van de vier dimensies van service management. Hierin worden de activiteiten, workflows, controls en procedures gedefinieerd die nodig zijn om de overeengekomen doelstellingen te bereiken.

Term	Definition	Begrip	Definitie
vision	A defined aspiration of what an organization would like to become in the future.	visie	Een gedefinieerd streven dat een organisatie in de toekomst zou willen bereiken.
warranty	Assurance that a product or service will meet agreed requirements. Warranty can be summarized as 'how the service performs' and can be used to determine whether a service is 'fit for use'. Warranty often relates to service levels aligned with the needs of service consumers. This may be based on a formal agreement, or it may be a marketing message or brand image. Warranty typically addresses such areas as the availability of the service, its capacity, levels of security, and continuity. A service may be said to provide acceptable assurance, or 'warranty', if all defined and agreed conditions are met.	warranty / garantie	Garantie dat een product of service aan de overeengekomen vereisten voldoet. Warranty kan worden samengevat als 'hoe de service presteert' en kan worden gebruikt om te bepalen of een service 'fit for use' is. Warranty heeft vaak betrekking op servicelevels die zijn afgestemd op de behoeften van consumenten van de service. Deze kunnen gebaseerd zijn op een formele overeenkomst, of onderdeel van een marketingboodschap of merkimago zijn. Warranty omvat doorgaans zaken als de beschikbaarheid, de capaciteit, niveaus van security en continuïteit van de desbetreffende service. Van een service kan worden gezegd dat deze een acceptabele garantie, oftewel warranty, biedt als aan alle gedefinieerde en overeengekomen voorwaarden is voldaan.
warranty requirements	Typically non-functional requirements captured as inputs from key stakeholders and other practices.	warrantyvereisten	Doorgaans niet-functionele vereisten die als inputs zijn vastgelegd door belangrijke stakeholders en door andere practices.
waterfall method	A development approach that is linear and sequential with distinct objectives for each phase of development.	watervalmethode	Een ontwikkelingsaanpak die lineair en opeenvolgend is met de afzonderlijke doelstellingen van elke ontwikkelingsfase.
work instruction	A detailed description to be followed in order to perform an activity.	werkinstructie	Een gedetailleerde beschrijving die moet worden gevolgd bij de uitvoering van een activiteit.
workaround	A solution that reduces or eliminates the impact of an incident or problem for which a full resolution is not yet available. Some workarounds reduce the likelihood of incidents.	workaround / tijdelijke oplossing	Een oplossing die de impact vermindert of elimineert van een incident of problem waarvoor nog geen volledige oplossing beschikbaar is. Sommige workarounds verkleinen de kans op incidenten.

Term	Definition	Begrip	Definitie
workforce and talent management practice	The practice of ensuring that an organization has the right people with the appropriate skills and knowledge and in the correct roles to support its business objectives.	workforce and talent management practice / personeelsmanagement en talentmanagement practice	De practice om ervoor te zorgen dat een organisatie over de juiste mensen met de juiste vaardigheden en kennis beschikt en die zich in de juiste rollen bevinden om haar businessdoelstellingen te ondersteunen.